KB242785

한국에게 중국은 감정이다

한국에게 중국은
감정이다

초판 1쇄 발행 2026년 3월 15일

지은이   박은혜
펴낸이   이기봉
편집   좋은땅 편집팀
펴낸곳   도서출판 좋은땅
주소   서울특별시 마포구 양화로12길 26 지월드빌딩 (서교동 395-7)
전화   02)374-8616~7
팩스   02)374-8614
이메일   gworldbook@naver.com
홈페이지   www.g-world.co.kr

ISBN   979-11-388-5638-6 (03300)

한국에게 중국은 감정이다

박은혜 지음

좋은땅

차례

나는 1982년 서울에서 태어났다. 그리고 2000년, 열여덟 살의 나이로 중국 상하이에 왔다. 고등학교를 막 졸업하고, 세상이 어떻게 돌아가는지도 제대로 알지 못한 채 국경을 넘었다. 지금 돌아보면, 그 선택은 용감했다기보다 다소 무모했을지도 모른다. 하지만 그 무모함 덕분에 나는 이후의 인생 대부분을 중국에서 살게 되었다.

상하이에 처음 발을 디뎠을 때의 기억은 아직도 선명하다. 밤이 되면 내가 머물던 학교 주변은 낮의 소음이 가라앉으며 차분해졌고, 창문을 열어두면 황푸강과 항만 쪽에서 울려 퍼지는 뱃고동 소리가 멀리서 들려왔다. 매일 같은 시간도, 같은 길이도 아니었다. 낮고 길게 울리다가 어느 순간 멎는 그 소리는 처음에는 낯설었고, 곧 익숙해졌으며, 나중에는 그 소리가 없으면 오히려 잠이 오지 않았다. 상하이라는 도시가 하루를 마무리하며 숨을 고르는 소리처럼 느껴지기도 했다.

그 소리는 내게 중국이었다. 크고, 느리고, 방향을 알 수 없지만 멈추지는 않는 존재였다. 강과 바다, 공장과 주거지, 오래된 골목과 새로 지은 고층 건물이 겹겹이 이어진 상하이의 풍경과 닮아 있었다.

당시 내가 살던 상하이의 북부 지역은 지금과 전혀 다른 곳이었다. 현지 방언이 일상적으로 오갔고, 외지인은 말투와 옷차림새만으로도 금세 드러났다. 화려한 국제도시라는 이미지보다는, 생활의 냄새가 짙은 동네들이 이어져 있었다. 번화가라기보다는 완전히 로컬인, 거칠고 다소 촌스러운 공간이었다. 솔직히 말하면, 그곳에서 오늘날 우리가 떠올리는 상하이의 미래를 상상하기는 쉽지 않았다.

지금의 그 지역은 상하이를 대표하는 대학 밀집 지역이자 상업 중심지로 변모했다. 대형 쇼핑몰과 오피스 빌딩, 촘촘히 이어진 지하철 노선, 그리고 전국 각지에서 모여든 젊은 사람들이 뒤섞여 있다. 예전의 모습을 기억하는 사람만이 이 변화의 속도를 체감한다. 나는 그 시작과 중간, 그리고 지금을 모두 보았다. 그래서 가끔 이 일대를 걸을 때면, 내가 처음 길을 헤매며 발걸음을 옮기던 그 동네가 정말 이곳이 맞는지 잠시 멈춰 서게 된다. 간판과 건물은 달라졌지만, 골목의 굴곡과 사람들의 표정 속에는 과거의 흔적이 여전히 남아 있다.

중국은 그렇게 변해 왔다. 조용히, 그러나 분명하게. 그리고 상하이는 그 변화를 가장 먼저, 가장 극적으로 보여 준 도시였다.

나는 중국에서 대학과 대학원 과정을 마쳤고, 현지인과 결혼을 했으며, 어느새 직장인이 되었다. 지금은 중국 현지 기업의 인사 조직에 몸담고 있다. 어느 순간부터는 "언제 한국으로 돌아갈 거냐"는 물음보다 "이제는 여기 사람이 다 됐네요"라는 말을 더 자주 듣는다. 상하이의 생활 리듬과 사고방식이 어느새 내 몸에 배어 버린 것이다.

그런데 이상하게도, 중국에 오래 살수록 한국은 더 또렷해졌다. 한국 뉴스에 괜히 감정이 흔들리고, 한국 사회의 분위기에 예민해졌으며, 한국 사람들이 중국을 이야기하는 방식에 자주 마음이 걸렸다. 특히 최근 몇 년 사이, 중국을 향한 감정은 분명히 달라졌다. 설명하려 하지 않는 혐오, 생각을 대신하는 조롱이 너무 쉽게 오간다. 멀리서 지켜볼수록 그 감정의 윤곽은 오히려 더 선명해졌다.

회사에서도 비슷한 장면을 본다. 한국인 직원들은 "중국 것들은 왜 다

저러냐", "요즘은 중국이 정말 싫다"는 말을 자주 한다. 그 말에는 큰 악의가 없다는 것도 안다. 그래서 더 불편하다. 감정이 의견이 아니라 분위기처럼 소비되기 때문이다. 중국인 직원들은 그런 말을 직접 듣지 않더라도 이미 알고 있는 것 같다. 자신들이 어떤 시선 속에 놓여 있는지를. 회의실의 공기나, 사소한 농담의 결에서 그 기류를 감지하는 듯하다.

나는 그 중간에 서 있다. 완전한 중국인도 한국인도 아닌, 중국 현지에서 채용된 한국인으로서, 그리고 중국에서 오래 살아온 사람으로서. 두 언어와 두 문화 사이에서 때로는 번역자처럼, 때로는 완충지대처럼 서 있는 위치다.

한국인의 입장에서 중국은 비판받아 마땅한 나라다. 권위주의적 체제, 개인의 자유를 억누르는 구조, 국가가 개인 위에 서 있는 사고방식은 결코 가볍지 않은 문제다. 나는 그것을 가까이에서 보아 왔고, 지금도 보고 있다. 중국이라는 나라가 아무리 개방적으로 보인다 해도, 그 바탕에 놓인 시스템의 성격까지 바뀐 것은 아니다.

그럼에도 불구하고, 나는 단순한 혐오가 답이라고 생각하지 않는다. 국가와 체제, 그리고 사람을 한 덩어리로 묶어 버리는 순간, 우리는 현실을 이해할 수 없게 된다. 중국을 너무 쉽게 싫어하는 말들 속에서, 나는 가끔 감정이 판단을 대신하던 과거의 우리 모습을 본다. 감정이 앞설 때, 사고는 뒤로 밀려난다.

솔직히 말하면, 나 역시 중국이 불편할 때가 많다. 그 불편함을 부정하고 싶지는 않다. 다만 그 감정이 생각을 대신하지 않기를 바랄 뿐이다. 혐오는 편하다. 설명하지 않아도 되고, 공유하기도 쉽다. 하지만 그렇게 편한 감정이 늘 좋은 선택으로 이어지지는 않는다. 오히려 장기적으로는 우

    한국에게 중국은 감정이다

리 자신을 더 좁은 시야에 가두기도 한다.

이 책은 중국을 옹호하기 위한 책도, 한국을 꾸짖기 위한 책도 아니다. 나는 다만, 한국 사회가 중국이라는 이웃을 바라보며 너무 쉽게 판단을 멈추고 있다는 느낌을 받았다. 특히 우리처럼 강대국 사이에서 늘 선택을 요구받아 온 나라가, 감정에 기대어 이웃을 이해하려는 태도가 과연 우리에게 도움이 되는지 묻고 싶었다. 중국에서의 생활은 그 질문을 더욱 선명하게 만들었다.

중국은 사라지지 않는다. 우리가 좋아하든, 싫어하든, 경계하든 상관없이 계속 마주해야 할 존재다. 그렇다면 필요한 것은 분노가 아니라 거리 감각이고, 조롱이 아니라 해석이며, 감정이 아니라 전략일 것이다. 감정에 휘둘리지 않으면서도 현실을 직시하는 태도가 필요하다.

나는 아직도 밤이 깊어지면 가끔, 상하이에서 처음 살던 기숙사 창밖으로 들리던 낡고 커다란 배들의 뱃고동 소리를 떠올린다. 강을 따라 이동하던 화물선과 항구의 불빛, 그리고 그 사이를 스치던 습한 공기까지 함께 기억난다. 그 소리는 내게 중국의 시작이었고, 지금은 이 책을 쓰게 만든 오래된 기억이다.

이 글은 결론이라기보다 출발점에 가깝다. 한 한국인이 너무 오래 중국에 머물렀고, 그 때문에 오히려 한국 사회의 감정과 시선을 더 깊이 보게 되었다는 기록이다.

이제부터의 이야기는 한국인의 그 감정이 어디서 비롯되었는지, 어떤 구조 속에서 강화되었는지, 그리고 우리가 그것을 어떻게 다뤄야 하는지에 대한 질문이다.

이 책은 바로 그 질문에서 시작한다.

한국인의 기질과
'이웃'을 대하는 방식

1

한국 사회의 집단 정서 구조

감정은 개인의 선택일까, 사회의 유산일까

한국 사회에서 감정은 늘 개인의 취향처럼 말해진다.

"나는 중국이 싫다."

"나는 일본 문화가 불편하다."

이런 문장들은 너무도 자연스럽게 오간다. 마치 그 감정이 전적으로 개인의 판단과 경험에서 비롯된 것처럼 보인다. 하지만 조금만 깊이 들여다보면, 이 '나'라는 주체 역시 완전히 자유로운 존재는 아니다. 우리는 태어나는 순간부터 이미 사회가 만들어 놓은 언어, 기억, 감정의 틀 안에서 세계를 배우고 느낀다.

특히 국가나 민족, 이웃 나라에 대한 감정은 개인 경험의 범위를 훨씬 넘어선다. 그것은 한 개인이 평생 동안 겪은 몇 번의 사건이 아니라, 한국 사회라는 공동체가 수십 년, 길게는 수백 년 동안 축적해 온 집단적 기억과 감정의 산물이다. 그래서 "왜 한국인은 중국을 이렇게까지 싫어하는가?"라는 질문 앞에서, 단순히 "편견 때문이다", "무지해서 그렇다"라고 답하는 것은 지나치게 쉬운 결론이다. 이 물음의 밑바닥에는 훨씬 더 복잡한 역사와 사회 구조, 그리고 우리가 공유해 온 정서의 층위가 깔려 있다.

이 책은 바로 그 집단 정서의 구조를 해부하는 데서 출발한다. 한국 사회의 감정은 어떻게 만들어졌고, 어떤 방식으로 유지되며, 왜 특정 대상 앞에서 유독 격렬하게 반응하는가. 중국을 향한 감정 역시 이 구조 안에서만 제대로 이해될 수 있다.

'단일민족'이라는 안전한 이야기

한국인이라면 누구나 한 번쯤 들어 봤을 말이 있다.

"우리는 단일민족이다."

이 말은 너무 익숙해서 거의 의심의 대상이 되지 않는다. 학교 교과서, 역사 다큐멘터리, 국가 행사, 심지어 일상 대화 속에서도 이 표현은 반복되어 왔다. 그러나 엄밀히 말하면 '단일민족'은 과학적 사실이라기보다, 특정한 역사적 상황 속에서 만들어진 사회적 사실에 가깝다.

일제강점기라는 혹독한 식민 지배, 그리고 해방 직후 곧바로 맞닥뜨린 전쟁과 분단의 현실 속에서, 한국 사회는 내부 결속이 절실했다. 서로를 믿고 뭉치지 않으면 살아남기 어려운 환경에서, '우리는 하나'라는 메시지는 공동체를 지탱하는 강력한 정신적 기둥이 되었다. 단일민족이라는 개념은 그 자체로 사실 여부를 떠나, 사회를 하나로 묶는 데 매우 효과적인 장치였다.

문제는 이 개념이 단순한 결속의 언어를 넘어, 경계의 언어로 작동하기 시작했다는 점이다. '우리'가 강해질수록, 그 울타리 밖의 존재는 자연스럽게 '다른 존재', 나아가 '경계해야 할 존재'로 인식되었다. 공동체의 정체성이 또렷해질수록, 그 바깥은 더 낯설고 불안한 공간이 된다. 한국 사회의 집단 감정은 이 구조 위에서 성장해 왔다.

'우리'와 '남'을 가르는 본능

한국 사회는 유독 '우리'와 '남'을 빠르게 구분하는 사회다. 같은 학교, 같은 지역, 같은 회사, 같은 문화권 안에 속해 있으면 강한 유대감과 신뢰가 형성된다. 반대로 그 울타리를 벗어나는 순간, 태도는 급격히 달라진다. 친밀함은 경계로, 신뢰는 의심으로 바뀐다.

이 구조는 개인 관계를 넘어 사회 전반에 깊게 스며들어 있다. 정치적 입장, 경제적 이해관계, 심지어 문화의 영역에서도 늘 동일하다.

"너는 우리 편인가?"

이 단순한 질문은 매우 강력하다. 그것은 복잡한 사안과 맥락을 지워 버리고, 사람과 집단을 빠르게 분류한다. 국제 관계에서도 마찬가지다. 다층적인 외교 현실과 상호 의존성은 쉽게 사라지고, 대신 도덕적 평가와 감정적 판단이 앞선다. 한국 사회에서 중국을 둘러싼 논의가 자주 "친중이냐, 혐중이냐"라는 극단적인 틀로 수렴되는 이유도 여기에 있다.

중간 지점은 언제나 불편하다. 균형 잡힌 분석이나 신중한 태도는 종종 "애매하다", "비겁하다"는 비난을 받는다. 그 결과, 감정은 점점 더 극단으로 치닫는다.

한국에게 중국은 감정이다

외부에 대한 기억, 내부에 새겨진 불안

한국 사회의 집단 정서를 이해하려면, 역사적 경험을 빼놓을 수 없다. 조선 말기 서구 열강과 일본 제국주의의 침탈, 35년에 걸친 식민 지배, 그리고 해방 직후의 전쟁과 분단. 이 모든 경험은 공통된 감각을 남겼다.

"내 삶은 언제든 외부의 힘에 의해 흔들릴 수 있다."

이 기억은 한국 사회에 강한 위협 민감성을 심어 주었다. 외부 세계를 경계하는 태도는 생존 전략이었고, 불신은 나름의 합리성을 가졌다. 하지만 시간이 흐르면서 이 민감성은 점점 분석보다 반응에 가까운 형태로 굳어졌다. 복잡한 국제 정세를 차분히 해석하기보다는, 집단적 불안과 공포를 빠르게 공유하고 감정으로 대응하는 방식이 익숙해진 것이다.

강대국 사이에 끼어 있는 지정학적 위치 역시 이 감정을 강화했다. 어느 편에 서느냐, 누구를 믿어야 하느냐의 결정은 늘 생존의 문제처럼 느껴졌다. 이런 환경에서 한국 사회의 감정은 쉽게 요동친다.

압축 성장 사회가 만든 감정의 과잉

한국은 세계적으로도 드문 '압축 성장'을 경험한 나라다. 불과 몇 세대만에 농업 국가에서 산업 국가로, 독재 체제에서 민주주의 사회로 이동했다. 이 성취는 매우 자랑스럽다. 하지만 사회가 너무 빠르게 변하면서, 감정을 다루는 법을 충분히 학습할 시간은 부족했다.

합의는 느리고 귀찮은 과정이다. 반면 감정은 빠르고 직관적이다. 그래서 한국 사회의 집단 감정은 종종 극단적으로 표출된다. 어떤 대상은 순식간에 영웅이 되고, 또 다른 대상은 단번에 적이나 혐오의 대상이 된다. 특히 경제적 불안, 미래에 대한 불확실성이 커질수록 외부를 향한 감정은 더욱 날카로워진다.

최근 중국을 향한 감정의 급격한 변화 역시 이 맥락 안에서 이해할 수 있다. 중국은 한국 사회의 불안과 분노를 투사하기에 매우 적절한 대상이 되었다.

미디어, 감정을 키우는 증폭기

현대 사회에서 미디어는 감정의 흐름을 결정짓는 핵심 요소다. 뉴스, 포털, 유튜브, SNS, 온라인 커뮤니티는 단순히 정보를 전달하지 않는다. 그것들은 감정을 선택하고 증폭시킨다. 자극적인 제목, 명확한 선악 구도, 분노를 유도하는 프레임은 클릭과 확산에 유리하다.

중국 관련 이슈는 이 구조에 완벽히 들어맞는다. 개별 사건은 곧바로 전체 집단의 성격으로 확대되고, 일부 사례는 중국 사회 전체를 대표하는 상징처럼 여겨진다. 그 과정에서 "왜?"라는 질문은 사라지고, 감정만 남는다.

비판은 점점 혐오로 변한다. 정책이나 제도에 대한 합리적 문제 제기는 개인과 집단 전체를 향한 낙인으로 바뀐다. "중국은 원래 그렇다"라는 말이 설명 없이 통용되는 순간, 사고는 멈춘다.

 한국에게 중국은 감정이다

사회가 학습한 혐오

흥미로운 점은, 이러한 혐오가 반드시 직접 경험에서 비롯되지 않는다는 사실이다. 중국을 가 본 적도, 중국인을 깊이 만나 본 적도 없는 사람들이 강한 반감을 표현한다. 이는 혐오가 개인의 체험이 아니라, 사회적으로 학습된 감정이라는 것을 보여 준다.

한국 사회는 오랜 시간 동안 특정한 감정을 반복적으로 공유해 왔다. 뉴스, 콘텐츠, 주변의 말, 온라인 공간에서의 분위기는 개인의 생각보다 더 강력하게 작용한다. 대부분의 한국인은 이 집단 정서 속에서 자라고, 그 감정을 자연스럽게 받아들인다.

중국을 향한 감정 역시 마찬가지다. 그것은 한 사람의 도덕성이나 성향으로 설명할 수 없는, 사회 전체가 만들어 낸 결과물이다.

감정을 이해해야 다음으로 나아갈 수 있다

한국 사회의 감정은 우연히 생겨난 것이 아니다. 그것은 역사, 사회 구조, 압축 성장, 미디어 환경이 얽혀 만들어 낸 복합적인 산물이다. 이 구조를 이해하지 않은 채 감정을 비난하거나 정당화하는 것은 문제를 해결하지 못한다. 오히려 반복되는 감정의 악순환만 강화할 뿐이다.

다음 장에서는 이 집단 정서 구조가 왜 유독 '중국'이라는 가까운 이웃 앞에서 더욱 강하게 작동하는지 살펴볼 것이다. 문화적으로 닮았다는 인식이 어떻게 기대를 만들고, 그 기대가 어떻게 실망과 불편함으로 바뀌는

지, 그리고 그 감정이 오늘날의 혐오로 이어지는 과정을 하나씩 풀어 보
려 한다.

한국에게 중국은 감정이다

2

중국, 닮았기에 더 불편한 이웃

가깝다는 말이 설명하지 못하는 거리

한국과 중국은 흔히 '가깝고도 먼 나라'라는 말로 묶인다. 이 표현은 너무 자주 사용되어 이제는 상투적으로 들리지만, 그만큼 두 나라의 관계를 정확하게 요약하는 말도 드물다. 비행기로 두 시간 남짓이면 닿는 거리, 수천 년에 걸쳐 이어진 교류의 역사, 문자와 사상, 생활양식 곳곳에 남아 있는 공통의 흔적들. 이 모든 요소는 두 나라를 물리적으로도, 문화적으로도 분명히 가까운 이웃으로 만든다. 그러나 이 가까움은 언제나 편안함으로 이어지지 않았다. 오히려 그 반대였다. 너무 잘 안다고 믿기 때문에 더 쉽게 오해하고, 너무 닮았다고 느끼기 때문에 더 예민해진다.

한국과 중국의 관계를 단순히 최근의 외교 갈등이나 특정 사건으로 설명하려는 시도는 늘 어딘가 부족하다. 사드 갈등이나 무역 분쟁, 외교적 마찰은 중요한 계기였지만, 그것만으로 오늘날의 감정을 설명하기에는 깊이가 모자란다. 표면적인 충돌 아래에는 훨씬 오래된 감정의 층위가 겹겹이 쌓여 있다. 그리고 그 핵심에는 '닮았다'는 인식이 자리 잡고 있다.

인간관계에서도 전혀 모르는 사람보다, 비슷하다고 느끼는 사람에게 더 많은 기대를 걸게 마련이다. 말이 통할 것이라 생각하고, 이해해 줄 것이라 믿고, 비슷한 기준으로 행동할 것이라 예상한다. 그러나 그 기대가 어긋나는 순간, 실망은 배가되고 불편함은 깊어진다. 한국과 중국의 관계 역시 이와 다르지 않다. 낯선 타자에게는 애초에 기대하지 않았을 일들이, 닮은 이웃에게는 '왜 이걸 몰라주지?'라는 서운함으로 바뀐다. 이 서운함이 반복되면서 감정은 점점 누적된다.

'같은 문화권'이라는 인식이 만들어 낸 기대

한국인이 중국을 바라볼 때 무의식적으로 떠올리는 감정 역시 이와 닮아 있다. 우리는 중국을 완전히 낯선 타자로 인식하지 않는다. 오히려 '같은 문화권', '비슷한 역사적 경험', '공통의 유교적 가치'를 공유한 나라로 떠올린다. 이 인식은 하루아침에 만들어진 것이 아니다. 교과서 속 역사 서술, 대중문화 속 중국의 이미지, 그리고 오랜 시간 반복되어 온 상황들을 통해 자연스럽게 형성되어 왔다.

중국은 늘 '이웃한 문명'이었고, 때로는 '앞서 있던 문명'이었으며, 어떤 순간에는 '우리가 따라잡아야 할 기준'이기도 했다. 조선 시대의 사대 질서, 근대 이전의 문화적 위계, 그리고 근대 이후 그 질서에서 벗어나려는 노력까지, 중국은 한국의 역사 속에서 늘 중요한 기준점으로 작동해 왔다. 그렇기에 한국인은 중국을 바라볼 때 완전히 외부의 대상으로 보지 않는다. '우리와 이어져 있는 존재'라는 인식이 먼저 작동한다.

　　　　　　　　　　　　　　　한국에게 중국은 감정이다

이런 인식은 개인적인 경험 속에서도 반복된다. 내가 중국에 처음 갔을 때, 낯선 땅에 대한 긴장보다 더 먼저 다가온 것은 의외의 친숙함이었다. 언어는 달랐지만, 식탁 위의 풍경은 익숙했고, 예의를 차리는 방식이나 웃으며 말을 건네는 태도에서도 어딘가 한국과 닮은 결이 느껴졌다. '한국인이다'라고 자신을 소개하면, 많은 중국인들이 반가운 표정을 지으며 말을 붙였다. "우리는 한 뿌리다", "옛날에는 다 같은 문화권이었다", "너희도 예전에는 우리 글자를 썼잖아" 같은 말들이 자연스럽게 이어졌다.

친근함 속에 숨어 있는 위계의 감각

그들의 말에는 악의가 없었다. 오히려 친근함을 표현하려는 의도에 가까웠다. 낯선 외국인에게 거리감을 줄이기 위해 꺼내는 말, 공통점을 찾으려는 대화의 시작이었다. 때로는 농담처럼 "우리 원래 같은 민족 아니냐"는 말도 들었다. 그들은 웃으며 그렇게 말했고, 그 웃음에는 환대의 의미가 담겨 있었다.

그럼에도 불구하고, 나는 그 말들 앞에서 설명하기 어려운 감정을 느꼈다. 불쾌하다고 단정할 수는 없었지만, 그렇다고 편안하다고 말하기도 어려운 감정이었다. 그 말 속에서 한국이라는 존재가 하나의 독립된 주체라기보다, 더 큰 틀 안에 포함된 하위 개념처럼 느껴졌기 때문이다. '한 뿌리'라는 표현은 역사적으로 틀린 말이 아니지만, 그 표현이 사용되는 맥락에서는 미묘한 위계가 느껴지기도 했다. 마치 '큰 형'과 '작은 동생'의 관계처럼, 자연스럽게 서열이 전제된 듯한 느낌이었다.

이 감정은 비단 나 개인만의 것이 아니었다. 한국 사회가 중국을 바라볼 때 느끼는 불편함의 축소판이라고 해도 과언이 아니다. 우리는 중국과의 역사적 연결성을 인정한다. 유교 사상, 한자 문화권, 제도와 문물의 전파까지, 부정할 수 없는 사실들이다. 그러나 동시에 우리는 오랫동안 그 관계에서 벗어나기 위해 노력해 왔다. 근대 이후의 한국은 '중국 중심 질서'에서 벗어나 독자적인 국가로 서기 위한 긴 시간을 거쳐 왔다. 그래서 '같은 뿌리'라는 말은 친근함과 동시에, 그 어렵게 쌓아 올린 독립성을 다시 흐릿하게 만드는 표현처럼 느껴지기도 한다.

이쯤 되면 한국인의 감정은 복잡해진다. 우리는 중국과 닮았다는 사실을 부정하지 않으면서도, 그 닮음이 '종속'이나 '열위'로 해석되는 것을 극도로 경계한다. 닮았지만 같지는 않다는 주장, 영향을 받았지만 흡수된 것은 아니라는 강조. 이 미묘한 선 긋기는 한국 사회가 오랫동안 유지해 온 정체성의 핵심 중 하나다.

닮았다는 기대가 어긋나기 시작할 때

이러한 감정은 중국 사회를 바라보는 평가에도 그대로 반영된다. 한국인은 중국 사회의 권위주의적 정치 체제, 집단을 중시하는 문화, 개인보다 조직과 국가를 앞세우는 가치관을 보며, 그것을 '우리의 과거'처럼 인식하는 경향이 있다. 한때는 우리도 그러했지만, 이제는 그 시절을 넘어섰다는 인식이다. 민주화 운동을 거쳐 제도적 민주주의를 정착시켰고, 개인의 자유와 권리를 중시하는 사회로 발전해 왔다는 자부심이 그 바탕에 있다.

이 자부심은 종종 비교의 언어로 나타난다. 중국은 아직도 권위주의적이고, 우리는 그렇지 않다. 중국은 집단을 우선하지만, 우리는 개인을 존중한다. 중국은 국가가 모든 것을 통제하려 하지만, 우리는 시민이 국가를 감시한다. 이런 대비는 한국 사회 내부의 성취를 확인하는 데에는 도움이 될지 모르지만, 동시에 중국을 하나의 고정된 이미지로 묶어 버리는 역할도 한다.

문제는 이 인식이 시간이 흐르며 현실과 점점 어긋나기 시작했다는 점이다. 중국 사회 역시 변화하고 있었고, 그 변화는 단순히 경제 성장에만 국한되지 않았다. 다양한 가치관과 삶의 방식이 등장했고, 도시와 농촌, 세대와 계층 간의 간극도 커지고 있었다. 그러나 한국 사회는 여전히 중국을 하나의 단일한 이미지로 인식하는 경향이 강했다. '아직 과거에 머문 나라', '우리가 이미 지나온 단계를 걷고 있는 나라'라는 인지는 쉽게 업데이트되지 않았다.

실망이 쌓여 혐오가 되기까지

2000년대 초반, 내가 중국에서 통역 아르바이트를 하던 시절의 장면들은 지금도 선명하게 떠오른다. 그 시기는 한국 기업들이 본격적으로 중국 시장에 발을 들이기 시작하던 때였다. 개혁개방 이후 중국은 '가능성의 땅'으로 불렸고, 수많은 한국 기업과 개인들이 그 가능성을 확인하기 위해 국경을 넘었다. 그 현장에서 가장 자주 들었던 말 중 하나는 "중국 사람과 한국 사람은 정말 비슷하다"는 표현이었다.

조선족 통역사들은 이 과정에서 중요한 연결 고리가 되었다. 그들은 언어를 넘어 감정과 맥락을 번역했고, 서로 다른 사회의 온도 차이를 조정했다. 그러나 시간이 흐르면서 이 닮음은 더 큰 기대를 낳았고, 그 기대는 다시 실망으로 돌아왔다. 행정의 비효율, 관료주의, 관계 중심의 관행은 한국인들에게 '이해할 수 없는 다름'이 아니라 '어긋난 닮음'으로 받아들여졌다.

이 실망은 개인적인 경험을 넘어 집단적인 감정으로 확산되었다. "중국은 원래 그렇다"는 말은 그렇게 탄생했다. 혐오는 하루아침에 만들어지지 않는다. 반복된 실망과 좌절, 그리고 그 감정을 설명할 언어를 찾는 과정 속에서 서서히 굳어진다. 혐오는 복잡한 현실을 단순화하지만, 동시에 이해의 가능성을 차단한다.

중국과 한국은 단순한 이웃 국가가 아니다. 두 나라는 오랜 시간 서로를 비추는 거울로 존재해 왔다. 닮았기에 생겨난 기대, 그 기대가 어긋나며 쌓인 실망, 그리고 그 실망이 혐오로 변해 가는 과정. 이 흐름을 직시하지 않는다면, 우리는 같은 감정을 반복해서 경험할 수밖에 없다.

그렇다면 이러한 맥락에서 한국인의 감정 구조가 역사적 상처나 정체성 문제와 어떻게 맞물려 있는지를 더 깊이 살펴보아야 할 것이다. 지금의 불편함은 그 지점에서 조금 더 선명한 얼굴을 드러낼지도 모른다.

한국에게 중국은 감정이다

3

일본과는 왜 다른가

일본이라는 이름에 고정된 감정의 자리

　한국 사회가 일본을 바라보는 시선은 단순하지 않다. '가해자'라는 역사적 규정이 가장 큰 뿌리임은 분명하지만, 그 감정이 오랜 세월 거의 변함없이 유지되고 있는 이유는 그보다 훨씬 복잡하다. 일본은 한국인들에게 고정된 '가해자'이면서 동시에, 현실에서는 끊임없이 비교의 기준이 되는 나라다. 과거의 상처와 현재의 위치가 뒤섞이면서 일본에 대한 감정은 단순한 분노를 넘어, 더욱 복합적이고 미묘한 결을 띤다.

　일본에 대한 한국 사회의 감정은 '역사 문제'라는 명확한 실체 위에 서 있다. 일제강점기의 상처는 아직도 완전히 아물지 않은 상처이며, 그 기억은 개인과 집단 모두에게 깊게 새겨져 있다. 식민 지배, 강제 동원, 위안부 문제 등은 단순한 과거사가 아니라, 지금도 반복적으로 소환되는 현재 진행형의 기억이다. 이 기억은 한국 사회에서 일본을 도덕적으로 규정하는 가장 강력한 근거가 된다.

　그런데 흥미로운 점은, 이러한 감정이 단순한 역사적 원한에 머무르지 않고 오늘날까지도 강하게 지속되고 있다는 사실이다. 많은 나라들이 과거의 침략자와 일정한 거리 두기를 하거나, 시간이 흐르며 감정이 희석되는 것과 달리, 한국 사회에서 일본은 여전히 생생한 감정의 대상이다. 이는 일본이 단지 '과거의 가해자'가 아니라, 현재에도 계속해서 한국인의 의식 속에 개입하는 존재이기 때문이다.

분노를 넘어 기준이 되어 버린 나라

그렇다면 왜 일본은 이렇게 오랫동안 감정의 중심에 머무를까. 그 이유 중 하나는 일본이 여전히 경제 대국이며, 기술력과 국제 사회에서의 위상이 상당한 나라라는 점이다. 한국인들은 일본과의 비교를 무의식적으로, 그리고 반복적으로 수행한다. '우리가 지금 어디에 있고, 어디까지 왔는가'를 판단할 때, 일본은 늘 기준점으로 등장한다.

이 비교는 단순한 열등감이나 경쟁심만으로 설명되지 않는다. 때로는 "우리는 아직 일본을 넘어서지 못했다"는 자책이 나오고, 동시에 "그래도 우리는 점점 따라가고 있다"는 희망이 공존한다. 이 두 감정은 서로 충돌하면서도 묘하게 균형을 이룬다. 그래서 일본에 대한 감정은 폭발적으로 분출되기보다는, 일정한 긴장 상태로 유지된다.

이런 복잡한 심리는 일본에 대한 감정이 단순한 분노나 원한이 아니라, 끊임없는 '비교'와 '성찰'로 이어지는 배경이 된다. 일본은 '가해자'라는 과거의 상처를 넘어, 한국 사회 내부에서 '성장과 발전'의 척도가 되었다. 그래서 감정은 강렬하지만 그 방향이 비교적 일정하다. 분노하면서도 존중

한국에게 중국은 감정이다

하고, 비판하면서도 무시하지 못한다. 일본은 한국인의 마음속에 '변하지 않는 기준'으로 고정되어 있다.

이 점에서 일본은 한국 사회가 함부로 단순화할 수 없는 대상이다. 감정은 크지만, 그 감정은 일정한 사회적 규율 안에서 관리된다. 일본을 향한 분노는 존재하지만, 그 분노가 곧바로 혐오나 조롱으로 치닫는 경우는 상대적으로 적다. 일본은 여전히 '상대해야 할 나라', '넘어서야 할 대상'으로 인식되기 때문이다.

'가해자'라는 규정 뒤에서 흔들리는 개인의 경험

내 개인적인 경험도 이 구조에서 크게 벗어나지 않았다. 어릴 적부터 역사 교과서와 주변 어른들의 이야기 속에서 일본은 언제나 '가해자'였다. 그 이미지는 분명했고, 거의 수정될 여지가 없는 것처럼 보였다. 일본은 미워해야 할 대상이었고, 경계해야 할 나라였다.

그러나 대학 시절 나와 같이 중국으로 유학을 왔던 일본인들을 친구로 마주하였을 때, 나는 일본 친구들과 역사에 대한 이야기를 나누며 큰 혼란을 겪었다. '가해자'라고만 규정하기에는 일본인들 역시 각자 다른 생각과 고민을 안고 살아가고 있었고, 우리가 배운 역사 서술과는 다른 일상의 풍경도 존재했다. 동시에 그들이 지닌 선진 기술력과 조직력, 사회 시스템은 부러움을 넘어 배워야 할 대상으로 다가왔다.

이 모순은 내 마음속에 두 개의 감정을 동시에 심어 주었다. 하나는 확실한 분노였고, 다른 하나는 부정할 수 없는 인정이었다. 이 두 감정은 서로를 지우지 못한 채 공존했다. '어떻게 감정을 정리해야 할까? 그냥 미워하면 안 되는 걸까?'라는 생각이 머릿속을 떠나지 않았다.

그 과정에서 나는 일본을 향한 감정이 단순한 도덕적 판단의 문제가 아니라는 사실을 깨달았다. 그것은 역사적 기억과 현재의 현실이 맞닿는 지점에서 발생하는 복합적인 심리 작용이었다. 일본은 과거를 통해 규정되지만, 동시에 현재를 통해 다시 평가받는 대상이었다. 이 이중성은 일본을 향한 감정을 쉽게 정리하지 못하게 만드는 핵심 요소다.

중국을 향한 감정이 전혀 다른 방향으로 흐르는 이유

반면, 중국에 대한 감정은 일본과 매우 다르게 움직인다. 한국 사회에서 중국은 오랫동안 '과거에는 위대했지만, 지금은 뒤처진 나라'라는 이미지로 인식되어 왔다. 한국이 급격히 산업화하고 성장하던 시절, 중국은 정치적 혼란과 경제적 불안정 속에 있었고, 이로 인해 한국 사회는 중국을 자연스럽게 '우위에 있는 대상'으로 인식했다.

그런데 시간이 흐르면서 중국은 급속히 달라졌다. 오늘날 중국은 세계 경제 질서에서 핵심적인 위치를 차지하고 있으며, 국제 정치 무대에서도 강력한 영향력을 행사하고 있다. 그러나 아이러니하게도 한국 사회의 감정은 이 변화를 완전히 따라가지 못했다. 중국은 여전히 '완전히 인정하기 어려운 나라', '선진국 흉내를 내는 후진국'이라는 모순된 시선 속에 갇혀 있다.

그래서 중국에 대한 감정은 일본과 달리 '분노'보다는 '조롱', '경멸', '혐오'

의 언어로 쉽게 표출된다. 이는 중국이 '우리보다 낮은 위치에 있어야 한다'는 무의식적 바람과, 동시에 중국의 급격한 성장에 대한 불안이 뒤엉킨 결과다. 일본에게는 조심스럽지만, 중국에게는 거칠어진다. 이 차이는 두 나라의 실제 행태보다, 한국 사회 내부의 감정 구조를 더 많이 반영한다.

역사 깊은 곳에서 이어지는 감정의 차이

이제 시선을 더 깊이 과거로 돌려보자. 한국과 중국, 그리고 일본 사이의 감정과 관계는 오늘날만의 산물이 아니다. 수백 년 전부터 이어져 온 '조공 질서'와 '사대 관계'라는 역사적 경험이 그 뿌리를 이루고 있다.

조선 시대 한국은 명나라, 이후 청나라에 조공을 바치며 외교 관계를 맺었다. 이 관계는 단순한 외교적 거래가 아니라, '위계'와 '존경', 그리고 실리가 뒤섞인 복합적인 체계였다. 한국은 중국을 '중화'라는 문명의 중심으로 인식했고, 자신은 그 아래에 위치한 주변국이라는 자각을 공유했다.

반면 일본은 이 질서 바깥에 있었다. 일본은 중국과 직접적인 사대 관계를 맺지 않았고, 조선과는 갈등과 대립의 역사를 반복했다. 이로 인해 한국은 일본을 '가해자'로 규정하는 동시에, 중국과는 또 다른 감정의 궤적을 형성하게 되었다. 존경과 열등감, 실리와 거리 두기가 뒤섞인 감정은 이 오래된 질서에서 기원한다.

그렇다면 우리는 왜 일본과 중국을 이렇게 다르게 바라볼까. 그것은 정말 역사 때문일까, 아니면 우리 내면의 불안과 자존심 때문일까. 과거의 기억에 기대어 현재를 단순화하고 있는 것은 아닐까.

이 질문은 곧 독자에게로 향한다. 당신은 일본을 어떻게 생각하는가. 분노만으로 충분한가, 아니면 더 깊은 성찰이 필요한가. 중국에 대한 감정은 과연 현실을 정확히 반영하고 있는가. 우리가 품고 있는 이 감정들은 결국 우리 자신을 어디로 이끌고 있는가.

결국 이 질문들은 단순한 외교의 문제가 아니라, 우리 내면의 정체성 문제이므로, 이러한 감정 구조가 실제로 오늘날 한중일 외교와 사회 관계에 어떻게 투영되고 있는지를 더 구체적으로 살펴보아야 할 것이다. 다음으로는 감정이 어떻게 정치가 되고, 논쟁거리가 되며, 일상의 선택으로 이어지는지 그 과정을 따라가 보려 한다.

제2부

역사 속의 중국과 한국

1

조공 질서와 사대 관계의 기억

마음속에 남아 있는 오래된 그림자

마치 한 편의 오래된 그림처럼, 우리의 마음 한 곳에는 중국이라는 거대한 그림자가 자리 잡고 있다. 그 그림자는 언제나 한 가지 색으로만 드리워지지 않는다. 어떤 순간에는 찬란한 문명의 빛으로 다가오고, 또 어떤 순간에는 고개를 숙이게 만드는 굴욕의 그림자로 나타난다. 오늘날 한국 사회에서 중국을 대할 때 유독 불편한 감정이 솟구치는 이유를 차분히 따라가다 보면, 그 감정의 근원이 최근의 외교 갈등이나 뉴스 속 사건만이 아니라는 사실을 곧 깨닫게 된다. 그것은 훨씬 더 오래된 기억, 세대를 거쳐 축적된 역사적 감정의 퇴적층 속에 깊이 묻혀 있다.

중국과의 관계는 늘 바다 위에 떠 있는 배와 같았다. 잔잔한 물결 위를 미끄러지듯 나아가던 시기도 있었고, 존경과 신뢰라는 바람을 받아 순항하던 때도 있었다. 그러나 동시에 그 배는 언제든 폭풍을 만날 수 있는 항해를 계속해 왔다. 존경과 굴욕이라는 두 개의 파도가 번갈아 밀려왔고, 그 사이에서 균형을 잡으려는 몸부림이 역사의 이름으로 기록되었다. 이

한국에게 중국은 감정이다

그리움과 원망이 뒤섞인 감정의 항해는 끝난 적이 없다. 오늘날까지도 우리는 그 배 위에 올라서 있다.

중국을 대하는 우리의 감정은 결코 단선적이지 않다. 어떤 이는 중국을 향해 문화적 뿌리를 떠올리며 익숙함을 느끼고, 어떤 이는 설명하기 어려운 반감을 먼저 느낀다. 이 상반된 감정이 동시에 작동하는 이유는 분명하다. 조공 질서와 사대 관계라는 이미 사라진 제도가 남긴 정서적 유산이 여전히 우리 마음속에서 살아 움직이고 있기 때문이다.

중국은 한 나라가 아니라 '세계'였다

오늘날 우리는 국가를 영토와 주권, 국민으로 구성된 정치 공동체로 인식한다. 그러나 조선 시대 사람들에게 중국은 그런 의미의 '이웃 국가'가 아니었다. 중국은 곧 세계였다. 명나라와 청나라로 이어지는 중화 제국은 단순히 국경 안에 존재하는 하나의 나라가 아니라, 동아시아 문명 질서의 중심이자 기준이었다.

시간은 중국의 연호를 기준으로 흘렀고, 정치의 이상은 중국의 제도를 모범으로 삼았다. 학문은 중국의 고전 경전에 기대어 있었고, 지식인의 언어는 한문이었다. 조선의 사대부들은 어린 시절부터 사서삼경을 외우며 사고의 틀을 형성했고, 자신이 속한 세계를 자연스럽게 중화 문명 안에 위치시켰다. 그들에게 중국은 외교적 협상의 대상이 아니라, '배워야 할 문명의 본산'이었다.

이 세계관은 조선 사회 전반에 깊숙이 스며들었다. 스스로를 중국 문명의 정통 계승자라고 자부하면서도, 동시에 그 중심이 아니라는 사실을 늘 의식해야 했다. 이는 자부심과 열등감이 동시에 작동하는 구조였다. 마치 태양을 중심으로 도는 별처럼, 중국을 기준으로 자신을 규정할 수밖에 없는 운명이었다.

중국은 그렇게 우리의 사고와 정체성에 그림자처럼 드리워졌다. 그 그림자는 때로는 스스로를 빛나게 해 주었지만, 동시에 그늘을 만들었다. 우리는 그 그림자 안에서 성장했고, 그 영향에서 완전히 벗어나지 못한 채 근대와 현대를 맞이했다.

조공이라는 이름의 계산된 선택

조공은 흔히 굴욕의 상징으로 이해되지만, 당시의 현실 속에서는 매우 계산된 외교적 선택이었다. 조선은 정기적으로 수백 명의 사신을 중국에 보내 예를 표했다. 이 사행은 수개월에 걸친 위험한 여정이었고, 막대한 비용을 요구했다. 그럼에도 조공은 중단될 수 없었다. 그 대가로 책봉을 통한 정통성의 인정, 안정적인 교역, 그리고 외교적·군사적 안전이 보장되었기 때문이다.

특히 임진왜란 이후 명나라의 군사적 지원은 조선의 존망을 가르는 결정적 변수였다. 그 이후 중국과의 관계는 단순한 선택지가 아니라, 국가의 생존과 직결된 문제로 인식되었다. 사대는 감정의 문제가 아니라 현실의 문제였고, 자존심보다 실리가 앞서는 영역이었다.

그러나 국가 차원의 합리적 선택이 개인의 마음까지 설득할 수는 없었

   한국에게 중국은 감정이다

다. 조공이라는 제도는 외교적으로는 실리였지만, 심리적으로는 늘 불편함을 남겼다. 존경과 굴욕 사이, 그 아슬아슬한 경계에서 우리는 어떤 태도를 취해야 하는가라는 의문이 반복되었다. 머리로는 이해하지만, 가슴으로는 쉽게 받아들이기 어려운 감정의 균열이 그 지점에서 생겨났다.

사대의 흔적이 남긴 이중 감정

사대는 외교 문서 속의 단어로만 존재하지 않았다. 그것은 사회 전반과 개인의 내면에까지 깊게 새겨진 감정의 구조였다. 조선은 공식적으로 중국을 존중하며 질서를 따랐지만, 동시에 스스로를 깎아내리지 않으려는 내면의 긴장을 놓지 않았다. 이 모순은 겉으로 드러나지 않았지만, 오랜 시간 동안 사회 곳곳에 축적되었다.

조선 후기 실학자들의 북학 담론은 이 긴장을 가장 잘 보여 준다. 그들은 청나라를 '오랑캐'라 부르면서도, 그들의 기술과 제도, 상업과 행정을 배워야 한다고 주장했다. 경멸과 모방, 거리 두기와 동경이 동시에 작동하는 이 태도는 우리 마음속 깊은 곳에 자리한 이중 감정의 전형이다.

이 감정은 현대 한국 사회에서도 낯설지 않다. 우리는 중국의 문화적 영향력을 경계하면서도, 동시에 그 규모와 잠재력을 무시하지 못한다. 존경과 불편함, 인정과 거부가 뒤섞인 태도는 결코 우연이 아니다. 그것은 사대 관계가 남긴 정서적 유산이 여전히 살아 있기 때문이다.

근대가 단순화해 버린 기억

근대 이후 한국의 역사 서술은 이 복잡한 감정 구조를 점차 단순화하는 방향으로 나아갔다. 사대는 굴욕으로, 자주는 절대적인 가치로 판단되었다. 이 과정에서 조공 질서가 지녔던 현실성과 선택의 맥락은 희미해졌고, 대신 명확한 감정의 도식이 자리 잡았다.

그 결과 중국은 기억 속에서 두 얼굴을 갖게 되었다. 한편으로는 문명을 전해 준 '큰 형님'이었고, 다른 한편으로는 반드시 극복해야 할 '과거의 질서'였다. 이 모순된 기억은 중국을 대할 때 우리의 감정을 쉽게 정리하지 못하게 만든다. 존경과 반감이 동시에 튀어나오는 이유가 바로 여기에 있다.

문제는 이 단순화된 기억이 교과서를 넘어, 일상의 판단 기준으로까지 작동하게 되었다는 점이다. 중국을 바라보는 감정은 역사적 맥락을 따지는 사고가 아니라, 이미 학습된 감정의 반응으로 먼저 튀어나온다. 중국이 강해질수록 우리는 그 힘의 성격을 분석하기보다, 과거의 굴욕과 연결해 감정적으로 해석하려는 경향을 보인다. 이는 중국이 실제로 무엇을 하고 있는지와는 별개의 문제다. 기억은 사실을 설명하기보다, 감정을 정당화하는 도구가 된다.

이 과정에서 한국 사회는 스스로를 능동적인 선택의 주체로 기억하기보다, 늘 압박받고 흔들리던 존재로 자신을 재구성한다. 그 결과 중국과의 관계는 전략의 문제가 아니라 자존심의 문제가 되고, 외교적 판단은 감정적 반응에 쉽게 잠식된다. 근대가 만들어 낸 이 단순한 기억의 틀은, 복잡한 현실을 해석하기에는 지나치게 거칠다. 하지만 한번 굳어진 감정의 틀은 쉽게 수정되지 않는다. 그래서 우리는 여전히 과거의 언어로 현재의 중국을 판단하고 있다.

다시 깨어나는 오래된 질서의 기억

중국이 다시 세계 무대에서 강대국으로 부상한 지금, 이 오래된 기억은 다시 꿈틀거리고 있다. 과거의 기준이 현재의 현실 속에서 되살아나며, 한국 사회의 자존심과 정면으로 충돌한다. 그래서 중국의 역사 해석이나 문화적 주장, 국제 질서에서의 태도를 볼 때 우리는 유독 예민해진다.

이 예민함은 중국 그 자체보다는, 과거의 위계 질서가 현재의 자존감과 부딪히는 순간에서 비롯된다. 과거의 그림자가 현재를 건드리는 지점, 바로 그 아픈 곳을 우리는 피하지 못한다. 감정은 논리보다 빠르게 반응하고, 역사는 기억을 통해 현재를 흔든다.

중국의 부상은 단순한 국제정치적 변화가 아니라, 한국 사회의 정체성 깊숙한 곳을 자극한다. 우리는 이미 근대를 통과하며 '더 이상 누구의 아래도 아니다'라는 인식을 스스로의 성취로 내면화해 왔다. 그런데 중국이 다시 중심으로 돌아오는 듯한 모습은, 이 성취가 아직 완전히 굳지 않았음을 드러낸다. 그래서 중국의 행동 하나하나가 과도하게 의미화되고, 때로는 실제보다 더 위협적으로 인식된다.

여기에서 한국 사회는 이중적인 반응을 보인다. 한편으로는 중국을 냉정하게 분석해야 한다고 말하면서도, 다른 한편으로는 감정적으로 밀어내고 싶어 한다. 협력의 필요성을 인정하면서도, 마음 한편에서는 불편함과 거부감을 숨기지 못한다. 이 모순된 태도는 전략의 혼선으로 이어지고, 장기적인 판단을 어렵게 만든다.

결국 다시 깨어난 것은 중국이 아니라, 우리가 미처 정리하지 못한 기억이다. 그 기억은 과거의 질서를 현재의 위협으로 불러내고, 아직 끝나지 않은 감정의 숙제를 우리 앞에 다시 내려놓는다. 중국을 둘러싼 논쟁이 유독 뜨겁고 피곤한 이유는, 그것이 단순히 외교나 경제의 문제가 아니라, 우리가 어떤 역사 인식을 가지고 살아왔는지를 되묻는 것이기 때문이다.

사라진 제도, 남아 있는 감정

조공 질서와 사대 관계는 이미 역사의 뒤안길로 사라졌다. 그 제도는 더 이상 작동하지 않는다. 그러나 그 질서가 남긴 감정의 구조는 여전히 우리 안에서 살아 숨 쉬고 있다. 존경과 거리 두기, 실리와 자존심 사이에서 끊임없이 흔들리는 태도는 그 흔적이다.

이 감정의 유산은 정치와 외교의 영역에만 머무르지 않는다. 우리의 문화적 정체성, 이웃을 바라보는 시선, 그리고 세계 속에서 스스로를 위치 짓는 방식에까지 깊게 스며들어 있다. 우리는 여전히 그 질문 앞에 서 있다. 존경과 굴욕 사이에서, 우리는 어떻게 균형을 잡을 것인가.

당신은 이 이야기를 읽으며 어떤 감정을 느끼고 있는가. 과거의 그림자는 오늘 우리의 삶에 어떤 색채를 더하고 있는가. 우리가 '존경'이라 부르는 감정과 '굴욕'이라 부르는 감정 사이에서, 우리는 앞으로 어떤 선택을 해야 할까.

  이 질문들은 단순한 역사적 호기심이 아니라, 우리 각자의 내면과 사회 전체를 향한 성찰이다. 다음 장에서는 이 조공 질서가 무너지면서 동아시아의 국제 질서가 어떻게 재편되었는지, 그리고 그 변화 속에서 한국과 중국이 어떤 근대 국가의 길을 선택했는지를 따라가 보려 한다. 그 선택의 흔적은 지금도 우리의 감정 지형을 결정짓고 있다.

2

근대 이후의 전환

― 무너진 중심, 갈라진 길, 그리고 뒤늦게 따라온 감정들

흔들린 세계의 시작, 중심이 사라진 자리에서

어느 날 갑자기, 우리의 세계는 한순간에 뒤집혔다. 고요하던 바다가 태풍에 휘말리고, 익숙하던 지평선이 갈라지며 더 이상 방향을 가늠할 수 없게 되는 순간처럼 말이다. 19세기 중반, 조선과 중국이 발 딛고 있던 세상은 그렇게 무너지고 있었다. 수백 년 동안 너무도 자연스럽게 여겨졌던 질서, 의심조차 하지 않았던 기준이 갑작스럽게 흔들렸다. 그 변화는 점진적인 조정이 아니라, 세계 자체가 다른 규칙으로 재편되는 급격한 전환이었다.

이 시기, 사람들은 단지 새로운 외세를 맞이한 것이 아니라, 자신이 살고 있던 세계의 의미를 잃어버렸다. 무엇이 옳고, 무엇이 중심이며, 어디에 기대어 살아야 하는지 알 수 없게 되었다. 바로 그 혼란의 한복판에서 한국과 중국의 자리는 어긋나기 시작했고, 그 어긋남은 이후 수백 년간 감정과 기억의 형태로 축적된다.

이전까지 중심이 분명했던 세계에서 주변과 중심은 더 이상 명확하지

한국에게 중국은 감정이다

않았다. 중국은 스스로를 세계의 축으로 인식하던 오랜 자리를 잃어버렸고, 조선은 그 질서에 기대어 정체성을 유지하던 방식 자체를 다시 고민해야 했다. 문제는 새로운 세계가 아직 완성되지 않았다는 점이었다. 무너진 질서를 대체할 새로운 기준은 충분히 준비되지 않았고, 사람들은 불완전한 정보와 두려움 속에서 판단을 내려야 했다.

이 혼란은 단지 정치나 외교의 문제가 아니었다. 삶의 방식과 가치관, 세계를 바라보는 감각 자체가 흔들렸다. 중심이 사라진 자리에는 불안이 들어섰고, 불안은 감정을 자극했다. 그 감정은 이후 중국을 바라보는 시선, 외부 세계를 대하는 태도, 스스로를 규정하는 방식 속에 깊숙이 스며들었다. 그래서 이 시기의 충격은 과거의 사건으로 끝나지 않고, 오늘날까지 이어지는 감정의 뿌리가 되었다.

결국 19세기의 붕괴는 단순한 역사적 전환점이 아니라, 한국과 중국이 서로를 바라보는 감정 구조가 형성되는 출발선이었다. 세계의 중심이 무너진 자리에서, 우리는 새로운 방향을 찾기보다 먼저 흔들렸고, 그 흔들림은 아직 완전히 가라앉지 않은 채 현재까지 이어지고 있다.

포성이 열어젖힌 균열: 아편전쟁이 남긴 심리적 붕괴

1840년, 중국의 한 항구에서 울려 퍼진 포성은 단순한 전쟁의 시작이 아니었다. 그것은 동아시아 전통 세계 전체를 관통하는 균열음이었다. 아편전쟁에서 중국이 패했다는 사실은 단 한 문장으로 요약되지만, 그 문장이 던진 충격은 실로 거대했다. 수백 년 동안 '천하의 중심'으로 군림해 온 제국이 서양의 작은 섬나라 앞에서 무너졌다는 사실은, 당시 사람들의 세계관을 통째로 붕괴시켰다.

중국인들에게 이 패배는 군사적 실패를 넘어 존재론적 충격이었다. 자신들이 시간의 기준이자 문명의 중심이라고 믿어 왔던 확신이 한순간에 산산조각 났기 때문이다. 항구는 강제로 개방되었고, 조계지가 생겼으며, 중국의 땅 위에 외국인의 깃발이 꽂혔다. 그날 이후 중국은 더 이상 스스로를 '세계'라 부를 수 없게 되었다.

이 소식은 조선에도 빠르게 전해졌다. 조선의 지식인들은 불안을 삼켰다. 중국은 조선에게 단순한 이웃이 아니라 문명의 본산이자 질서의 기준이었다. 그 중심이 무너진다면, 조선은 무엇에 기대어 자신을 설명할 수 있을까. 오랫동안 삶의 기준이 되어 주었던 중심이 하루아침에 사라졌을 때 느끼는 감정은, 불안과 배신, 공포와 혼란이 뒤섞인 상태였을 것이다.

더 큰 문제는, 기존의 질서가 무너졌음에도 새로운 질서가 아직 보이지 않았다는 점이다. 근대라는 이름의 세계는 모습을 드러내고 있었지만, 그것이 무엇을 요구하는지, 어떻게 대응해야 하는지 누구도 알지 못했다. 동아시아는 그렇게 미지의 바다로 밀려 들어가고 있었다.

강제로 열린 문, 선택이 아닌 운명으로서의 개방

아편전쟁이 중국의 세계를 흔들었다면, 1876년 강화도 앞바다는 조선의 현실을 정면으로 뒤흔들었다. 일본 군함이 평화롭던 바다를 가르며 나타났고, 조선은 더 이상 문을 닫고 버틸 수 없게 되었다. 개항은 자발적 선

　　　　　　　　　　　　　　한국에게 중국은 감정이다

택이 아니었다. 그것은 거부할 수 없는 압력, 거의 운명에 가까운 강요였다.

당시 조선은 여전히 중국을 중심으로 한 질서가 완전히 사라지지 않았다고 믿고 있었다. 중국의 흔들림을 보면서도, 그 질서가 끝났다는 사실을 쉽게 받아들이지 못했다. 그러나 일본은 이미 다른 세계로 이동하고 있었다. 메이지 유신 이후 일본은 과거를 단절하듯 밀어내고, 서구식 근대 국가로 변신하고 있었다.

이때 조선은 두 개의 서로 다른 시간대 사이에 놓였다. 하나는 무너져 가지만 여전히 익숙한 과거의 질서였고, 다른 하나는 낯설고 위협적인 새로운 세계였다. 일본이 위협인지, 기회인지조차 판단하기 어려웠던 이유도 여기에 있다. 개방 이후 조선이 느꼈던 혼란은 단순한 외교 실패가 아니라, 시간의 감각 자체가 어긋난 데서 오는 혼란이었다.

강제로 열린 문 너머에서 기다리고 있던 것은 경쟁과 비교, 그리고 끝없는 열등감의 가능성이었다. 전통적 자부심은 더 이상 방패가 되지 못했고, 새로운 질서는 아직 손에 잡히지 않았다.

조공 질서의 최종 붕괴, 보호자를 잃은 기억

1894년, 조선 땅에서 벌어진 청일전쟁은 단순한 국제전이 아니었다. 그것은 수백 년간 유지되던 질서가 공식적으로 막을 내리는 장면이었다. 중국과 일본이라는 두 강대국이 조선이라는 공간에서 충돌했고, 결과는 일본의 승리였다. 이 패배로 중국은 더 이상 조선을 보호할 수 없는 존재가 되었다.

이 사건은 한국인의 집단 기억 속에 깊은 흔적을 남겼다. 오랫동안 의지해 왔던 보호자가 더 이상 힘을 발휘하지 못하는 모습을 지켜보는 경험은, 배신감과 상실감을 동시에 남겼다. "중국은 우리를 지켜 주지 못했다"는 인식은 단순한 역사적 평가가 아니라, 감정의 기억이었다.

동시에 일본은 새로운 현실로 다가왔다. 더 이상 먼 이웃이 아니라, 삶의 조건을 결정하는 직접적인 존재가 되었다. 이때 형성된 감정은 복잡했다. 중국을 향한 실망과 거리감, 일본을 향한 두려움과 경계, 그리고 그 사이에서 흔들리는 자존감이 뒤엉켰다. 이 감정의 구조는 이후 한국 사회가 중국과 일본을 다르게 대하게 되는 중요한 토대가 된다.

일본이라는 거울, 따라잡지 못했다는 감각

19세기 후반, 동아시아에서 일본의 선택은 분명히 달랐다. 같은 문화권, 비슷한 역사적 출발선에 있었음에도 일본은 과감하게 방향을 틀었다. 메이지 유신은 단순한 개혁이 아니라, 사회 전체를 해체하고 다시 조립하는 대수술이었다. 일본은 서구 문명을 받아들이는 데 주저하지 않았고, 그 과정에서 '일본인'이라는 새로운 국민 정체성을 만들어 냈다.

이 변화는 조선과 중국의 눈에 매우 인상적으로 비쳤다. 일본은 단순히 앞서간 나라가 아니라, '우리가 가지 못한 길'을 간 나라처럼 보였다. 이 인식은 곧 자책과 질투, 그리고 비교의 감정을 낳았다. "우리는 왜 그렇게 하지 못했을까"라는 질문은 단순한 역사적 반성이 아니라, 한국 사회의 자

한국에게 중국은 감정이다

존감과 깊이 연결된 것들이었다.

일본은 경계해야 할 가해자이면서도, 동시에 따라잡아야 할 기준이 되었다. 이 이중성은 오늘날까지도 이어진다. 일본을 향한 감정이 분노 속에서도 일정한 절제를 유지하는 이유는, 그들이 여전히 '비교의 대상'으로 남아 있기 때문이다.

해방 이후, 선택이 갈라놓은 시간의 속도

1945년의 해방은 환희와 동시에 공백을 남겼다. 자유는 찾아왔지만, 그 자유를 어떻게 사용할지에 대한 준비는 되어 있지 않았다. 곧이어 찾아온 분단과 전쟁은 한국 사회에 깊은 상처를 남겼고, 생존 자체가 가장 중요한 과제가 되었다.

이 시기 한국 사회에 각인된 감정은 불안이었다. 다시는 무너지지 않기 위해, 다시는 침략당하지 않기 위해 강한 편에 서야 한다는 감각이 사회 전반을 지배했다. 미국은 단순한 동맹이 아니라, 질서와 생존을 보장하는 존재로 인식되었다. 그 결과 한국은 빠르게 성장과 발전을 향해 달리기 시작했다.

전쟁 이후의 경제 성장은 단순한 물질적 성취가 아니었다. 그것은 식민과 전쟁을 겪은 사회가 처음으로 느낀 집단적 자존감이었다. "우리는 해냈다"는 감정은 한국 사회의 중심 스토리가 되었다.

같은 시기, 중국은 전혀 다른 모습으로 비췄다. 문화대혁명과 폐쇄된 사회, 혼란과 가난의 이미지. 한국 사회는 자신을 성공의 궤도에 올려놓으며, 중국을 그 바깥에 위치시켰다. 중국은 더 이상 존경의 대상도, 경쟁의 대상도 아니었다. 그저 과거의 그림자처럼 느껴지는 나라였다.

느리게 움직인 현실, 빠르게 굳어진 기억

1978년, 중국은 개혁개방이라는 방향 전환을 선택했다. 그러나 그 변화는 처음에는 거의 보이지 않았다. 한국 사회의 기억 속 중국은 여전히 낡고 뒤처진 이미지에 머물러 있었다. 이 기억은 오랫동안 고정되어 있었다.

시간이 흐르며 중국은 빠르게 성장했지만, 한국의 감정은 그 속도를 따라가지 못했다. 한국 사회는 이미 자신을 '성공한 나라'로 규정한 상태였고, 중국은 여전히 '따라오는 나라'로 인식되고 있었다. 이 인식이 흔들리기 시작했을 때, 사람들은 분석보다 감정으로 반응했다.

불편함, 인정하기 싫음, 이유를 설명하기 어려운 거부감. 이 감정들은 점차 혐오라는 단순한 언어로 수렴되었다. "중국은 원래 그렇다"는 말은 질문을 멈추게 하는 문장이 되었고, 복잡한 현실을 단순화하는 도구가 되었다.

문제는 기억이 현실보다 훨씬 빠르게 굳어 버렸다는 점이다. 변화하는 중국의 모습은 눈앞에 있었지만, 그것을 받아들이기 위한 인식의 틀은 좀처럼 바뀌지 않았다. 새로운 정보는 들어왔지만, 이미 형성된 감정의 틀 안에서 재해석되었다. 그래서 중국의 성장은 위협으로, 자신감은 오만으로, 차이는 결함으로 읽혔다.

이렇게 형성된 감정의 시차는 중국을 바라보는 판단을 반복적으로 어굿나게 만들었다. 현실은 복합적으로 움직였지만, 기억은 단순한 이미지에 머물렀다. 그 간극에서 한국 사회는 이해보다 거리 두기를 택했고, 그 거리감은 점차 설명되지 않는 불신으로 굳어 갔다.

감정의 저장소로서의 역사

역사는 단순한 사실의 기록이 아니다. 그것은 감정의 저장소다. 두려움과 자부심, 열등감과 상처가 커커이 쌓여 오늘의 시선을 만든다. 우리가 오늘날 중국과 일본을 바라보는 방식은, 지금의 사건만으로 설명될 수 없다.

해방 이후의 선택, 전쟁의 기억, 성장의 경험, 그리고 비교 속에서 형성된 감정들. 이 모든 것이 오늘의 감정을 구성한다. 이 이야기는 누군가를 변호하기 위함도, 비난하기 위함도 아니다. 다만 우리가 느끼는 감정이 어디에서 왔는지를 돌아보기 위한 시도다.

지금 이 이야기를 읽으며 어떤 감정이 스쳤는가. 불편함인가, 공감인가, 혹은 반감인가. 그 감정을 들여다보는 순간, 우리는 비로소 단순한 찬반을 넘어 조금 더 깊은 질문을 시작할 수 있을 것이다. 그리고 그 질문에서부터, 새로운 관계는 아주 천천히 시작된다.

역사가 감정의 저장소라는 말은, 우리가 과거를 마음속에 정리하지 않은 채 현재로 끌고 와 사용하고 있다는 뜻이기도 하다. 특정 사건 하나가 현재의 분노를 촉발하는 것처럼 보이지만, 실제로는 오래전에 쌓여 있던 감정이 그 사건을 통해 표면 위로 떠오르는 경우가 많다.

그래서 중국을 둘러싼 논쟁은 늘 과열되고, 설명보다 단정이 앞선다. 우리는 사실을 두고 다투기보다는, 기억과 기억이 충돌하는 장면에 서 있는 지도 모른다. 이 감정의 층위를 인식하지 못하면, 논의는 반복되고 갈등은 소모된다. 역사를 감정의 저장소로 인식하는 순간, 우리는 비로소 지금의 반응을 조금 더 차분하게 바라볼 수 있게 된다.

3

다시 뒤집힌 위치

중국이 변하고 있다는 사실을 한국 사회가 본격적으로 체감하기 시작한 것은 그리 오래되지 않았다. 그러나 중국 내부에서는 이미 훨씬 이전부터 변화가 시작되고 있었다. 문제는 그 시간의 차이였다. 이 책은 바로 그 시간차가 어떻게 인식의 엇갈림을 만들었고, 그 엇갈림이 어떻게 감정의 충돌로 이어졌는지를 따라가고자 한다. 중국이 갑자기 커진 것이 아니라, 우리가 너무 늦게 고개를 들었을 뿐이라는 사실을 마주하는 이야기이기도 하다.

기억 속에 고정된 중국이라는 풍경

내가 기억하던 중국이라는 나라는, 지금 돌이켜 보면 하나의 실체라기보다 이미지에 가까웠다. 그것은 실제의 중국이라기보다는, 한국 사회가 오랫동안 공유해 온 집단적 상상에 더 가까운 모습이었다. 초등학교와 중학교를 다니던 1980~90년대, 내가 중국이라는 나라를 접할 수 있었던 거의 유일한 창구는 홍콩 영화와 무협지였다. 임청하가 칼을 휘두르며 허공을 가르던 장면, 이소룡과 성룡이 중력을 거스르듯 날아다니던 화면 속 중국은 현실의 국가라기보다 신화의 무대처럼 느껴졌다.

그 속에서 중국은 '강한 나라'라기보다는 '옛날의 나라'였다. 오래된 황제와 궁궐, 깊은 역사와 철학, 그리고 이미 지나가 버린 영광의 이미지. 한국 사회에서 중국은 살아 있는 현재가 아니라, 박물관 속 문명처럼 기억되고 있었다. 그래서인지 중국은 존경의 대상일 수는 있어도, 경쟁의 대상은 아니었다. 그저 크고 오래되었지만 낡은 나라, 변화보다는 관성으로 유지되는 나라라는 인식이 자연스럽게 자리 잡고 있었다.

이 인식은 나만의 것이 아니었다. 당시 한국 사회 전반에 널리 퍼져 있던 감각이었다. 경제 성장의 자신감 속에서 한국은 자신을 '성공한 국가'로 규정했고, 그 기준선 아래에 중국을 놓았다. 중국은 언젠가는 따라올 수 있겠지만, 적어도 당장은 한국이 가르치고 관리하는 위치에 있다고 믿었다. 그래서 2000년, 내가 상하이로 유학을 떠나기 전까지 중국은 자연스럽게 '미개하고, 더럽고, 뒤처진 나라'라는 이미지로 굳어져 있었다.

그러던 중, 2001년 북한의 김정일 국방위원장이 상하이를 방문하여 중국이 천지개벽했다고 평가한 뉴스가 매우 화제가 된 적이 있었다. 그 발언은 한국 사회에 큰 충격을 줬다. 북한 지도자가 직접 눈으로 본 중국의 변화와 발전이 얼마나 거대하고 급진적인지, 그리고 그것이 단순한 성장 이상의 '혁명적 변화'임을 널리 알린 것이다. 그 이후로 한국은 아마 중국을 '기회의 땅'으로 보기 시작한 것 같았다. 마치 봇물처럼 중국으로의 진출과 진학 행렬이 이어졌고, 중국은 더 이상 '뒤처진' 나라가 아닌, 경쟁과 도전의 대상이 되었다.

그러나 실제로 마주한 2000년의 상하이는, 내 머릿속에 있던 중국과 너무나 달랐다. 물론 지금의 상하이와 비교하면 그때의 도시는 거칠었고, 정돈되지 않은 모습도 많았다. 거리에는 먼지가 날렸고, 교통은 혼잡했으며, 제도와 시스템은 허술해 보이기도 했다. 하지만 그 모든 것 위에 선명히 느껴지는 것이 있었다. 속도였다. 에너지였다. 그리고 무엇보다, 멈춰 있지 않다는 감각이었다.

이미 외국 자본은 들어와 있었고, 도시 곳곳에는 공사장이 즐비했다. 낡은 건물 옆에서 새 건물이 올라가고 있었고, 어제 없던 가게가 오늘 문을 열었다. 사람들의 표정에는 혼란과 피로도 있었지만, 동시에 묘한 기대감이 섞여 있었다. 그때 나는 처음으로 깨달았다. 중국은 정체된 나라가 아니라, 이미 움직이고 있는 나라라는 사실을. 다만 그 움직임을 한국 사회가 거의 보지 못하고 있었을 뿐이었다.

이 '보지 못함'은 단순한 정보 부족의 문제가 아니었다. 그것은 기억의 문제였고, 인식의 관성 문제였다. 한국 사회가 기억하는 중국은 오랫동안 멈춰 있었다. 80~90년대의 가난하고 혼란스러운 중국, 문화대혁명의 잔재와 폐쇄된 사회주의 국가의 이미지가 한국인의 머릿속에 고정되어 있었다. 그 기억은 시간이 지나도 변하지 않았다. 중국은 이미 달리고 있었지만, 우리는 여전히 과거의 좌표 위에서 그 나라를 판단하고 있었다.

멈춰 버린 기억과 계속 흘러간 현실

2000년대 초반까지도 한국 사회에서 중국은 '가능성은 있지만 아직은 우리보다 몇 단계 쯤 저 아래에 있는 나라'였다. 한국 기업들은 중국을 생산 기지로 활용했고, 값싼 노동력의 대명사로 불렀다. 한국인은 중국에 가서 기술을 가르치고, 시스템을 전수하며, 관리하는 위치에 있다고 느꼈다. 이 감각은 꽤 오랫동안 유지되었고, 그래서 중국의 변화는 쉽게 체감되지 않았다.

그러나 변화는 멈추지 않았다. 중국 내부에서는 이미 다른 시간표가 작동하고 있었다. 개혁개방 이후 누적된 성장의 에너지는 서서히, 그러나 분명하게 임계점을 향해 가고 있었다. 그 사실을 가장 극적으로 보여 준 장면이 2008년 베이징 올림픽이었다. 그때 나는 여전히 중국에 있었다. 개최 발표가 난 그날의 공기는 지금도 또렷이 기억난다. 거리 곳곳에서 환호성이 터져 나왔고, 모르는 사람들끼리도 웃으며 말을 건넸다. 도시는 하나의 거대한 심장처럼 박동하고 있었다.

그 장면은 단순한 스포츠 이벤트의 기쁨이 아니었다. 그것은 중국이라는 나라가 스스로에게, 그리고 세계를 향해 보내는 선언이었다. "우리는 돌아왔다." 이 한 문장에 담긴 감정은 오랜 열등감과 좌절, 그리고 억눌린 자존감이 한꺼번에 분출되는 순간이었다. 중국인들이 느낀 감정은 금메달의 숫자를 넘어서는 것이었다. 그것은 인정받았다는 감각, 무대 위에 다시 올라섰다는 확신이었다.

그때 나는 확실히 느꼈다. 중국은 이제 과거의 중국이 아니며, 이 변화는 일시적인 반짝임이 아니라 구조적인 이동이라는 사실을. 그러나 이 감각은 한국 사회 전체가 공유한 것은 아니었다. 한국 사회는 여전히 그 변화를 '뉴스 속 사건'으로만 받아들였다. 베이징 올림픽은 중국의 성과였지만, 그것이 곧 한국 사회의 인식 전환으로 이어지지는 않았다.

     한국에게 중국은 감정이다

예고 없이 시작된 본편

문제는 바로 여기서 시작된다. 때로 역사는 조용히 다가오지 않는다. 우리가 눈치채기도 전에, 준비할 틈도 주지 않은 채 문을 열고 들어온다. 중국의 변화가 그랬다. 한국 사회가 중국의 성장을 본격적으로 체감하기 시작했을 때, 이미 그 변화는 예고편이 아니라 본편의 한가운데에 와 있었다. 우리는 뒤늦게 극장에 들어와, 이미 전개된 이야기를 이해하지 못한 채 당황하기 시작했다.

"왜 이렇게 빨리 달리는 거지?"

이 질문은 처음에는 놀라움에서 출발했다. 그러나 이 놀라움은 곧 불안으로 바뀌었다. 그리고 불안은 오래 머무르지 않는다. 불안은 가장 가까운 감정으로 빠르게 변신한다. 분노, 짜증, 거부감, 그리고 혐오. 한국 사회가 중국을 향해 던지기 시작한 감정의 언어들은 이 변환 과정을 그대로 보여 준다.

성공 신화와 흔들리는 정체성

한국은 오랫동안 스스로를 '성공한 근대화 국가'라고 믿어 왔다. 이 믿음은 단순한 자부심이 아니라 정체성이었다. 전쟁의 폐허에서 출발해 산업화를 이루고, 민주화를 거쳐 세계 시장에서 경쟁력을 갖춘 나라가 되었다는 사실은 한국 사회를 단단하게 지탱해 왔다. "우리가 해냈다"는 문장은 반복해서 확인되며 집단 기억으로 굳어졌다.

한국의 성공 신화 앞에서 중국의 위치는 비교적 명확했다. 크지만 느리고, 잠재력은 있으나 체제에 발목 잡힌 나라. 언젠가는 따라오겠지만, 우리가 먼저 도착해 있는 정상에는 쉽게 오르지 못할 나라. 한국 사회는 그렇게 중국을 자기 우월감의 하단에 배치해 왔다.

그러나 현실은 그 성공 신화를 무례할 정도로 빠르게 밀어냈다. 중국은 우리가 예상했던 추격자의 속도가 아니었다. 숨을 고르며 뒤따라오는 존재가 아니라, 여러 갈래의 길로 동시에 정상에 접근하는 존재였다. 어느 순간 중국은 탑 아래가 아니라, 탑의 다른 면에서 이미 손을 뻗고 있었다.

이 변화는 단순한 순위의 문제가 아니었다. 그것은 한국 사회가 스스로에게 부여해 온 역할과 위치를 다시 묻게 만드는 사건이었다. '우리는 이미 도착해 있다'는 전제가 흔들리자, 그 아래에 놓여 있던 비교의 기준도 함께 흔들렸다. 문제는 이렇게 복잡한 마음이 충분히 말로 설명되기 전에, 감정으로 먼저 반응했다는 점이다.

중국의 부상은 한국에게 있어 위협이라기보다 혼란에 가까웠다. 경쟁에서 밀릴지도 모른다는 불안, 우리가 믿어 온 성장 공식이 더 이상 통하지 않을지도 모른다는 공포, 그리고 무엇보다도 스스로를 규정해 온 성공 스토리가 더 이상 안전하지 않다는 감각이 겹쳐졌다. 이 감정들은 분석보다는 방어로, 성찰보다는 거리 두기로 표출되었다.

거대한 이웃이 주는 압박

2010년대에 접어들며 이 변화는 더욱 또렷해졌다. 중국의 경제 규모는

                              한국에게 중국은 감정이다

더 이상 비교의 대상이 아니게 되었다. 성장률이 아니라 절대적인 크기에서 차원이 달라졌다. 기술 투자, 인프라, 국제 정치 무대에서의 존재감까지, 중국은 '떠오르는 나라'가 아니라 '이미 서 있는 나라'가 되어 가고 있었다.

그 모습은 한국 사회에 존경보다는 부담을, 기대보다는 경계를 불러일으켰다. 중국은 갑자기 시야를 가득 채운 거대한 산맥처럼 느껴졌다. 너무 크고, 너무 가까워서 돌아서기도 피해 가기도 쉽지 않은 존재. 이웃이었지만, 더 이상 편안한 이웃은 아니었다.

동시에 한국 사회는 다른 풍경을 마주하고 있었다. 고도성장의 속도는 둔화되었고, 저성장이 일상이 되었다. "다음 세대는 우리보다 더 나아질 수 있을까?"라는 불안이 사회 곳곳에서 흘러나왔다. 불안은 사회 전체를 예민하게 만들었고, 감정의 온도를 높였다.

그래서 중국을 향한 시선에는 유독 날이 섰다. 현실의 변화보다 감정의 동요가 더 앞섰고, 정체성이 흔들릴수록 상대를 단순화하려는 유혹은 강해졌다. 중국은 복잡한 현실의 상대라기보다, 흔들리는 자아를 비춰 주는 거울처럼 인식되기 시작했다. 그리고 그 거울을 마주하는 방식은, 종종 냉정한 이해가 아니라 감정적 거부였다.

불안이 혐오로 모습을 바꾸는 순간

이 불안은 어느 날 갑자기 폭발한 감정이 아니었다. 그것은 늦가을의 찬 바람처럼, 눈에 띄지 않게 그러나 확연하게 한국 사회 안으로 스며들었다. 처음에는 단순한 위화감이었다. 예전과는 무언가 달라졌다는 감각, 익숙했던 질서가 조금씩 어긋나고 있다는 느낌이었다. 그러다 어느 순간, 그 감각은 질문의 형태로 굳어졌다.

"우리는 지금 어디에 있는가?"

이 질문은 더 이상 철학적 사색이나 지식인의 고민이 아니었다. 그것은 사회 전체가 공유하는 정체성에 대한 질문이 되었다.

이 질문이 불안한 이유는, 명확한 답이 쉽게 나오지 않기 때문이다. 한국 사회는 오랫동안 자신이 서 있는 위치를 비교적 분명하게 인식해 왔다. 가난을 벗어나 성장했고, 민주화를 이루었으며, 세계 속에서 나름의 자리를 확보했다는 감각. 그러나 중국의 급격한 변화는 그 좌표를 흔들어 놓았다. 우리가 익숙하게 사용해 온 비교의 기준이 더 이상 유효하지 않게 되었을 때, 사람들은 당황한다. 그리고 그 당황은 곧 불안으로 변한다.

답을 찾지 못한 질문은 감정을 출구로 삼는다. 상대적 박탈감은 분노로, 분노는 구체적인 대상을 향한 공격으로 전환된다. 그 대상은 이미 커져 버린 중국이었다. 중국의 눈부신 성장, 자신감 넘치는 태도, 점점 더 적극적으로 드러나는 외교적 존재감은 모두 감정의 표적이 되었다.

"왜 저 나라는 저렇게 되었나."

"왜 우리는 이렇게 불편한가."

이 질문들은 처음에는 현실을 이해하려는 시도처럼 보이지만, 곧 분석의 언어를 잃는다.

복잡한 맥락과 구조를 해석하는 대신, 감정을 정리하는 가장 쉬운 방식이 선택된다. "중국은 원래 그렇다"라는 문장 하나로 모든 설명이 끝난다. 이 문장은 매우 편리하다. 더 이상 공부하지 않아도 되고, 맥락을 살피지

　　　　　　　　　　　한국에게 중국은 감정이다

않아도 된다. 이해 대신 판단이, 질문 대신 단정이 들어선다. 사소한 사건 하나가 전체의 문제로 확대되고, 개별 사례는 곧 집단의 성격으로 굳어진다. 비판은 순식간에 혐오로 변질된다. 혐오는 생각하지 않아도 되기 때문에, 가장 빠르고 강력한 감정의 출구가 된다.

정의되지 않은 이웃이라는 불편함

한국 사회가 중국을 대하는 태도에는 분명한 모순이 드러난다. 머릿속 어딘가에는 여전히 과거의 중국 이미지가 남아 있다. 가난하고 혼란스러우며, 뒤처진 나라라는 기억. 그러나 눈앞의 현실은 그 이미지를 더 이상 허용하지 않는다. 중국은 작지 않고, 약하지 않으며, 무시할 수 없는 존재가 되었다. 이 괴리는 단순한 인식 차이가 아니라, 감정의 불균형을 만들어 낸다.

존중하기에는 마음이 준비되지 않았고, 무시하기에는 현실이 너무 크다. 이 어중간한 위치가 감정을 더욱 날카롭게 만든다. 일본이 한국 사회에서 '넘어서야 할 과거'로 비교적 명확하게 규정되어 있다면, 중국은 아직 이름 붙여지지 않은 존재다. 과거의 가해자도 아니고, 그렇다고 완전히 신뢰할 수 있는 동반자도 아니다. 중국은 '정의되지 않은 현재의 이웃'으로 남아 있다.

그래서 중국을 향한 감정을 중국 그 자체의 행동이나 정책만으로 설명하는 것은 충분하지 않다. 지금 한국 사회에서 드러나는 감정의 강도는, 중국의 변화만큼이나 한국 사회 내부의 불안과 정체성의 흔들림을 반영한다. 우리는 중국을 보며 사실상 우리 자신을 보고 있는지도 모른다. 우리가 어디까지 왔는지, 그리고 앞으로 어디로 가고 있는지를 묻는 거울로서 중국을 바라보고 있는 것이다.

감정의 파도 위에 서 있는 사회

중국은 변했다. 그리고 앞으로도 계속 변할 것이다. 이 사실 자체는 더 이상 논쟁의 대상이 아니다. 문제는 그 변화가 아니라, 우리가 그것을 받아들이는 방식이다. 우리는 여전히 과거의 좌표 위에서 이웃을 판단하고 있지는 않은가. 그리고 그 좌표가 무너질 때마다, 이해 대신 분노로 반응하고 있지는 않은가.

혐오는 순간적인 해소를 제공할 수는 있다. 불안을 잠시 잊게 하고, 감정을 분출하게 해 준다. 그러나 혐오는 방향을 제시하지 않는다. 사고를 멈추게 하고, 질문을 차단한다. 무엇보다 혐오는 관계를 설명하지 못한다. 왜 불편한지, 무엇이 두려운지, 그리고 그 두려움이 어디서 비롯되었는지를 묻지 않게 만든다.

앞에서 이미 언급했듯이, 우리에게 역사는 단순한 사건의 기록이 아니라, 감정의 저장소다. 한국 사회가 중국을 어떻게 바라보는가는 지금 벌어지는 뉴스 몇 줄로 설명되지 않는다. 우리의 위치 변화, 성공의 기억, 그리고 그 기억이 흔들릴 때 느끼는 불안이 겹겹이 쌓여 지금의 감정을 만들어 냈다. 감정은 언제나 현실보다 한 박자 늦게 도착하지만, 도착한 뒤에는 현실을 해석하는 렌즈가 된다.

한국에게 중국은 감정이다

이 글을 읽는 당신은 지금 이 이웃을 어떻게 바라보고 있는가. 경쟁자인가, 위협인가, 아니면 아직 이름 붙이지 못한 타자인가. 우리는 지금도 감정의 파도 위에 서 있다. 그리고 그 파도는, 우리가 어떤 질문을 던지느냐에 따라 전혀 다른 방향으로 흐를 수 있다. 혐오의 언어를 선택할 것인가, 아니면 불편함의 이유를 끝까지 묻는 질문을 선택할 것인가. 그 선택이, 이웃을 바라보는 우리의 미래를 결정하게 될 것이다.

제3부

일본은 왜 다르게 인식되는가

1

일본에 대한 혐오와
중국에 대한 혐오는 다르다

두 갈래의 바람 앞에서

한국 현대사의 무대 위에 불어오는 바람은 늘 하나가 아니었다. 동쪽에서 불어오는 바람과 서쪽에서 불어오는 바람은 동시에 우리의 피부를 스쳤고, 우리는 그 바람을 같은 몸으로 맞아 왔다. 그러나 이상하게도, 아니 어쩌면 너무도 당연하게도, 그 촉감은 전혀 같지 않았다. 동쪽에서 불어온 바람은 날카롭고 차가웠다. 살을 에는 듯했고, 기억을 파고들었다. 그 바람은 상처와 분노, 억울함과 책임의 언어를 함께 데리고 왔다. 반면 서쪽에서 불어오는 바람은 한 겹 더 무거웠다. 안개처럼 주변을 감싸며 시야를 흐리게 했고, 불쾌하지만 명확하게 아프다고 말하기 어려운 감정을 남겼다.

우리는 이 두 바람을 모두 일본과 중국이라는 이름으로 부른다. 그리고 종종, 너무 쉽게, 이 두 바람을 같은 성질의 것으로 묶어 버린다. '비판', '혐오', '불편함'이라는 단어 아래에서 말이다. 하지만 그렇게 묶는 순간, 우리는 중요한 차이를 놓친다. 감정이라는 결과는 비슷해 보일지 몰라도, 그 감정이 만들어진 경로와 무게, 그리고 그 안에 쌓여 있는 기억의 층위는 전혀 다르다.

여기에서는 그 차이를 단정적으로 설명하지는 않으려 한다. 오히려 말을 거듭하며 망설이고 싶다. 왜냐하면 이 감정들은 한 문장으로 정리되기에는 너무 오래 쌓였고, 너무 많은 역사와 경험을 통과해 왔기 때문이다.

선명하게 이름 붙일 수 있는 분노

일본을 향한 한국 사회의 감정은 비교적 또렷하다. 또렷하다는 말이 결코 가볍다는 뜻은 아니다. 오히려 그 반대다. 일본을 향한 감정은 '도덕적 분노'라는 이름으로 불릴 수 있을 만큼, 확실한 근거와 방향을 가지고 있다. 일제강점기라는 시간은 한국 사회에 단순한 과거가 아니라, 아직 끝나지 않은 현재에 가깝다. 강제 징용과 위안부 문제, 문화 말살과 폭력의 기억은 개인의 경험을 넘어 집단의 기억으로 굳어졌다.

이 기억은 시간이 흐른다고 자연스럽게 희미해지지 않았다. 오히려 반복해서 호출되며 사회의 정체성을 구성해 왔다. 그래서 일본에 대한 분노는 단순히 "싫다"는 감정으로 머무르지 않는다. 그것은 "인정하라", "기억하라", "책임지라"는 요구로 이어진다. 이 요구는 감정이면서 동시에 윤리적 주장이고, 정치적 언어다.

한국 사회에서 반일 감정은 개인의 감정에만 맡겨져 있지 않다. 교과서 논쟁, 외교 현안, 시민사회의 운동, 언론의 보도까지, 다양한 층위에서 이 감정은 조직되고 공유된다. 그래서 일본 문제는 늘 사회적 합의와 갈등의 중심에 선다. 분노는 제도와 언어를 만나 구조화되고, 역사적 기억은 현재의 판단 기준이 된다. 이 점에서 일본을 향한 혐오는 충동적인 감정이라기보다, 정의를 요구하는 집단적 태도에 가깝다.

말로 설명하기 어려운 불편함

중국을 향한 감정은 이와 다르다. 너무 다르다는 점에서, 오히려 우리는 이 감정을 어떻게 불러야 할지 자주 망설인다. 혐오라고 부르기에는 어딘가 찜찜하고, 비판이라고 부르기에는 방향이 흐릿하다. 중국을 향한 감정은 분노라기보다 불편함에 가깝고, 그 불편함은 종종 조롱이나 냉소, 혹은 막연한 거부감의 형태로 드러난다.

왜 우리는 중국을 향해 이렇게 말이 많아지면서도, 동시에 말을 잃는 걸까. 어쩌면 일본을 향할 때처럼 명확한 가해자의 얼굴을 떠올릴 수 없기 때문일지도 모른다. 중국은 한국을 식민 지배하지 않았고, 근대사의 분명한 폭력 가해자로 규정되기도 어렵다. 그러나 그럼에도 불구하고, 한국 사회는 중국을 대할 때 점점 더 날카로운 감정을 드러내고 있다.

이 감정은 한 사건에서 비롯되지 않았다. 외교적 마찰, 문화적 충돌, 일부 중국인의 행동, 인터넷과 미디어를 통해 증폭된 사례들이 뒤섞이며 만들어진 감정의 혼합물이다. 문제는 이 감정들이 하나의 문장이나 단어로 정리되지 않는다는 점이다. 그래서 우리는 자주 "그냥 싫다"는 말로 대화를 끝내 버린다. 이 말은 설명을 포기하는 동시에, 감정을 고정시킨다.

   한국에게 중국은 감정이다

두 감정이 만들어진 자리

일본과 중국을 향한 감정의 차이는 단순히 두 나라의 행동 차이에서 비롯된 것이 아니다. 그것은 한국 사회가 자신을 어떻게 정의해 왔는지와 깊이 연결되어 있다. 일본은 '극복해야 할 과거'로 자리 잡았다. 분노는 기억을 지키는 방식이 되었고, 그 기억은 정체성의 일부가 되었다.

반면 중국은 오랫동안 '비교의 대상'이자 '기준의 바깥'에 놓여 있었다. 때로는 존경의 대상이었고, 때로는 뒤처진 이웃이었다. 이 애매한 위치는 감정을 정리하기 어렵게 만들었다. 중국을 존중해야 한다고 말하기에는 마음이 준비되지 않았고, 무시하기에는 현실이 너무 커져 버렸다.

그래서 중국을 향한 감정은 늘 어딘가에서 미끄러진다. 도덕의 언어로 정리되지도 않고, 명확한 책임의 요구로 나아가지도 않는다. 대신 불안과 경계, 조롱과 혐오가 섞인 채 표류한다. 이 감정은 중국을 설명하기보다는, 오히려 한국 사회 내부의 불안을 드러낸다.

망설임 속에서 드러나는 것들

우리의 불안이 드러나게 될 때, 우리는 말을 멈추거나, 혹은 말을 거듭하며 망설이게 된다. 왜냐하면 이 감정을 단정적으로 규정하는 순간, 우리 자신을 함께 규정하게 되기 때문이다. 일본을 향한 분노는 비교적 말하기 쉽다. 그러나 중국을 향한 불편함을 설명하려고 할 때, 우리는 자주 말문이 막힌다. 그 불편함이 어디에서 왔는지 끝까지 따라가다 보면, 결국 "우리는 지금 어디에 있는가"라는 질문으로 되돌아오기 때문이다.

우리는 지금 그 망설임의 자리에서 멈춰 서 있다. 아직 결론을 내리지 않고, 감정을 정리하지도 않는다. 다만 분명한 것은, 일본에 대한 혐오와 중국에 대한 혐오는 같은 이름으로 불릴 수 없다는 사실이다. 하나는 역사적 책임과 정의의 언어를 품고 있고, 다른 하나는 정체성의 흔들림과 불안의 언어를 품고 있다.

이 망설임은 우유부단함이 아니라 회피에 가깝다. 감정을 끝까지 따라가면 불편해질 것을 알기에, 우리는 중간에서 멈춘다. 그래서 중국에 대한 논의는 자주 극단으로 치닫거나, 반대로 피상적인 농담과 이미지로 연결된다. 깊이 들어가지 않기 위해서다.

지금 우리가 서 있는 자리는 바로 그 유보의 자리다. 아직 판단하지 않았다고 말하지만, 사실은 판단을 미루고 있다. 감정을 정리하지 않았다고 말하지만, 실은 감정과 정면으로 마주하지 않고 있다. 일본에 대한 혐오가 과거를 향한 언어라면, 중국을 둘러싼 이 망설임은 현재와 미래를 향한 언어다.

그리고 이 말하지 못함 자체가, 한국 사회가 느끼는 불안의 가장 솔직한 표현일지도 모른다.

감정이 비교를 만나 흔들릴 때

중국을 향한 한국 사회의 감정은 늘 비교의 언어 속에서 자라 왔다. 우리는 중국을 그 자체로 바라보기보다, 언제나 어떤 기준 옆에 세워 두었

한국에게 중국은 감정이다

다. 과거에는 일본이었고, 그다음에는 미국이었으며, 때로는 스스로 설정한 '성공한 근대화 국가'라는 자아상이 그 기준이 되었다. 이 비교는 무의식적으로 작동했고, 그래서 더 강력했다.

"우리는 이렇게 해냈는데, 중국은 왜 저럴까."

혹은 그 반대로,

"우리가 이렇게 해냈는데, 왜 이제는 중국이 저 자리에 있지?"

이 질문들은 겉으로 보기에는 중국을 향한 것처럼 보이지만, 사실은 한국 사회가 자기 자신에게 던지는 질문에 가깝다. 우리는 늘 비교 속에서 자신을 확인해 왔고, 그 비교가 더 이상 유리하게 작동하지 않을 때 감정은 흔들리기 시작했다.

일본과의 비교에서는 비교의 결과가 비교적 명확했다. 일본은 과거의 가해자였고, 한국은 극복의 역사를 만들어 왔다. 이 구도는 감정을 정리해 주었다. 분노의 방향도, 요구의 대상도 분명했다. 하지만 중국과의 비교는 그렇지 않았다. 중국은 과거의 가해자도 아니었고, 완전히 넘어서야 할 대상도 아니었다. 오히려 너무 가까운 위치에서, 너무 빠르게 자리를 바꾸고 있었다.

이때부터 감정은 길을 잃는다. 따라오는 존재에서 나란히 선 존재로.

오랫동안 한국 사회에서 중국은 '아직은 우리보다 아래'라는 암묵적인 위치에 놓여 있었다. 이 인식은 노골적인 우월감이라기보다, 성장 스토리를 완성해 가는 과정에서 자연스럽게 형성된 자기 확신에 가까웠다. 우리는 전쟁의 폐허에서 출발해 산업화를 이루었고, 민주화를 거쳐 세계 속의 한국이 되었다. 그러한 과거 속에서 중국은 잠재력은 크지만 아직 정돈되지 않은 나라, 언젠가는 따라오겠지만 당장은 우리가 앞서 있는 나라로 그려졌다.

이 그림이 흔들리기 시작한 순간, 감정도 함께 흔들렸다. 중국은 더 이상 '언젠가'의 나라가 아니었다. 이미 경제 규모와 국제적 영향력에서 한국이 비교의 주체가 되기 어려운 단계로 들어서 있었다. 문제는 이 변화가 너무 빠르게, 그리고 거의 예고 없이 체감되었다는 점이다.

사람들은 말한다.

"중국이 이렇게까지 될 줄은 몰랐다."

이 말 속에는 놀라움과 당혹감, 그리고 미처 정리되지 않은 불안이 섞여 있다.

중국은 더 이상 뒤에 있는 존재가 아니었고, 그렇다고 완전히 존중의 대상이 되기에는 감정이 준비되지 않았다. 이 어중간한 상태는 감정을 날카롭게 만들었다. 존중하지도, 무시하지도 못하는 대상 앞에서 감정은 종종 공격적으로 변한다.

감정은 언제나 늦게 도착한다

여기서 중요한 것은, 감정은 현실과 동시에 움직이지 않는다는 사실이다. 숫자와 통계, 뉴스와 지표는 빠르게 변하지만, 집단 감정은 늘 한 박자 늦다. 한국 사회의 머릿속에는 여전히 '과거의 중국'이 남아 있었고, 눈앞에는 '현재의 중국'이 서 있었다. 이 두 이미지가 충돌하는 순간, 사람들은 불편함을 느낀다.

이 불편함은 분석으로 해결되기보다 감정으로 처리된다.

한국에게 중국은 감정이다

“중국은 원래 그렇다.”

“중국식은 믿을 수 없다.”

이 문장들은 설명이라기보다 감정의 마침표다. 더 이상 생각하지 않기 위해 선택되는 문장들이다.

일본을 향한 분노가 기억을 호출하고 책임을 묻는 언어라면, 중국을 향한 불편함은 기억을 흐리고 우리 스스로의 성장을 멈추게 만드는 언어에 가깝다. 그래서 중국에 대한 감정은 종종 산만하고, 일관성이 없으며, 상황에 따라 급격히 증폭된다.

혐오라는 쉬운 언어

불안은 오래 지속되기 어렵다. 불안은 사람을 지치게 하고, 방향 감각을 잃게 만든다. 그래서 불안은 종종 더 단순한 감정으로 변신한다. 혐오는 그중에서도 가장 손쉬운 선택이다. 혐오는 생각할 필요가 없고, 설명할 필요도 없다. 그저 거리를 두고, 밀어내면 된다.

중국을 향한 혐오적 언어가 늘어나는 지점에는 이 메커니즘이 자리 잡고 있다. 개별 사건이 전체의 성격으로 확대되고, 일부 행동이 집단 전체의 본질처럼 이야기된다. 이렇게 감정은 점점 단순해지고, 동시에 더 공격적으로 변한다.

이 과정에서 중요한 것은, 이 혐오가 반드시 중국 그 자체에서 비롯되었다고 말하기 어렵다는 점이다. 물론 갈등은 존재하고, 비판할 지점도 분명히 있다. 그러나 감정의 강도와 속도는 그 자체만으로 설명되지 않는다. 그것은 한국 사회 내부에서 쌓여온 불안, 성장의 둔화, 미래에 대한 확신의 약화와 깊이 연결되어 있다.

일본과 중국 사이에서 흔들리는 시선

우리는 늘 일본과 중국을 나란히 놓고 보게 된다. 일본을 향한 감정은 여전히 선명한 도덕적 언어를 유지하고 있다. 분노의 이유가 명확하고, 요구의 방향도 분명하다. 반면 중국을 향한 감정은 아직 이름을 얻지 못한 채, 불편함과 경계 사이를 오간다.

그래서 한국 사회는 종종 두 감정을 같은 방식으로 표현하려 한다. 같은 언어로 비판하고, 같은 강도로 밀어낸다. 그러나 그 순간, 감정은 더 왜곡된다. 일본에 적용되는 도덕적 분노의 틀은 중국을 설명하기에는 맞지 않고, 중국을 향한 불안의 언어는 일본의 역사 문제를 다루기에는 너무 가볍다.

이 차이를 인식하지 못할 때, 우리는 감정에 끌려다니게 된다. 그리고 그 감정은 점점 더 커진다.

결국 분명해진 것은 중국을 향한 한국 사회의 감정은 단순히 외부의 문제를 반영한 것이 아니라, 내부의 질문이 밖으로 투사된 결과라는 사실이다.

"우리는 어디에 있는가."

"우리는 여전히 잘 가고 있는가."

"비교의 시대가 끝났을 때, 우리는 무엇으로 스스로를 설명할 것인가."

    한국에게 중국은 감정이다

이 질문들이 해결되지 않는 한, 중국을 향한 감정도 쉽게 정리되지 않을 것이다. 그리고 이 질문들은 결국 일본을 향한 감정과도 다시 연결된다. 과거를 어떻게 기억할 것인가, 현재의 불편함을 어떻게 해석할 것인가라는 문제로.

감정이 머무는 자리에서 다시 묻다

여기까지 오면, 우리는 더 이상 쉽게 말할 수 없게 된다. 일본에 대한 감정처럼 단정할 수도 없고, 중국에 대한 감정처럼 밀어낼 수도 없다. 감정은 이미 여러 겹으로 쌓였고, 그 위에 말들이 겹쳐 얹히며 서로를 방해한다. 그래서 이에 대한 서술을 자연스럽게 망설이게 된다. 말하려다 멈추고, 단정하려다 다시 되묻는다.

어쩌면 지금 한국 사회가 중국을 대하는 태도는 바로 이 망설임의 상태 그 자체인지도 모른다. 확신도 없고, 그렇다고 무관심도 아닌 상태. 분노라고 부르기엔 이유가 부족하고, 이해라고 말하기엔 마음이 따라가지 않는 상태. 그래서 우리는 자주 같은 말을 반복한다. 비슷한 뉴스에 같은 반응을 보이고, 비슷한 사건에 비슷한 감정을 덧붙인다. 감정은 앞으로 나아가지 못한 채 제자리를 돈다.

이 반복 속에서 감정은 굳어진다. 처음에는 불편함이었고, 그다음에는 경계였으며, 어느 순간부터는 설명하지 않아도 되는 혐오가 된다. "굳이 이유가 필요할까?"라는 말이 등장하는 순간, 감정은 더 이상 질문을 허용하지 않는다. 질문을 멈춘 감정은 스스로를 강화할 뿐이다.

말해지지 않은 감정의 정체

중국을 향한 감정이 유독 설명되기 어려운 이유는, 그것이 명확한 사건 하나에 기대고 있지 않기 때문이다. 일본에 대한 분노는 식민지 경험이라는 분명한 역사적 사건을 중심으로 조직되었다. 그 기억은 반복해서 호출되고, 사회적으로 합의된 언어를 가진다. 반면 중국에 대한 감정은 하나의 중심 사건 없이 흩어져 있다. 외교적 마찰, 문화적 충돌, 경제적 경쟁, 일상의 불쾌한 경험들이 제각각 쌓여 하나의 덩어리가 된다.

이 덩어리는 무겁지만, 형태가 없다. 그래서 더 다루기 어렵다. 사람들은 이 감정을 설명하기보다는 회피하거나, 단순화하거나, 농담으로 흘려보낸다. 그러나 설명되지 않은 감정은 사라지지 않는다. 오히려 말해지지 않은 채 남아 있을수록, 더 예민해지고 더 쉽게 폭발한다.

그렇다면 정말로 이 감정은 중국만의 문제인가. 아니면 우리가 오랫동안 붙잡고 있던 자기 성공 신화가 흔들릴 때 나타나는 증상에 가까운 것은 아닌가. 성공의 기억, 앞서 있다는 감각, 비교 속에서 형성된 자존감이 더 이상 안정적이지 않을 때, 감정은 외부로 방향을 튼다.

이웃이라는 불편한 현실

중국은 멀리 있는 나라가 아니다. 지리적으로도, 역사적으로도, 그리고 이제는 경제적으로도 그렇다. 그래서 중국은 '적당히 멀리 두기'가 어려운 대상이다. 일본처럼 과거의 문제로만 묶어 둘 수도 없고, 미국처럼 명확

한국에게 중국은 감정이다

한 동맹의 언어로 정리할 수도 없다. 중국은 지금 여기에서 함께 살아가야 하는 이웃이다.

이 사실이 감정을 더 복잡하게 만든다. 이웃은 늘 불편하다. 너무 잘 알기 때문에, 너무 자주 마주치기 때문에, 사소한 차이가 크게 느껴진다. 중국을 향한 감정 속에는 바로 이 이웃의 불편함이 깊게 배어 있다. 닮은 점이 많을수록 차이는 더 날카롭게 인식된다. 비슷한 역사, 비슷한 문화권, 그러나 전혀 다른 선택의 결과. 그 차이는 비교를 멈추지 못하게 만든다.

그래서 우리는 중국을 보며 일본을 떠올리고, 일본을 보며 다시 중국을 떠올린다. 감정은 늘 삼각형을 그린다. 과거의 가해자, 현재의 불편한 이웃, 그리고 그 사이에서 자신을 정의하려는 한국 사회. 이 삼각형 안에서 감정은 쉽게 균형을 잃는다.

혐오 이후에 남는 것

혐오는 강렬하지만 오래가지 못한다. 순간적으로는 결속을 만들고, 불안을 잠재우는 것처럼 보인다. 그러나 혐오는 아무것도 설명하지 못한 채, 다음 감정을 위한 빈자리를 남긴다. 혐오가 지나간 자리에는 종종 공허함이 남는다. 그리고 그 공허함은 다시 불안으로 돌아온다.

그래서 혐오는 해결이 아니라 순환이다. 질문하지 않은 감정은 같은 자리를 계속 맴돈다. 중국을 향한 혐오적 언어가 반복될수록, 한국 사회는 스스로의 위치를 더 분명히 이해하게 되는 것이 아니라, 오히려 더 혼란스러워진다. 우리는 무엇을 두려워하는지, 무엇을 지키고 싶은지, 무엇이 흔들리고 있는지를 말하지 않은 채 감정만 키운다.

우리에게 필요한 것은 새로운 결론이 아니라, 새로운 질문일지도 모른다. 중국은 왜 불편한가가 아니라, 우리는 왜 이 불편함을 이렇게까지 크게 느끼는가라는 질문, 일본과 중국을 비교하기 전에, 그 비교가 우리에게 무엇을 보상해 주었는지를 묻는 질문이다.

다시, 망설이며 앞으로

우리는 여전히 조심스럽다. 확정적인 말을 피하고, 결론을 유예한다. 그것은 회피가 아니라 태도에 가깝다. 감정이 충분히 말해지지 않은 상태에서 성급한 판단은 또 다른 왜곡을 낳기 때문이다.

일본에 대한 도덕적 분노와 중국에 대한 설명되지 않은 불편함은 같은 언어로 다뤄질 수 없다. 그 차이를 인정하는 순간, 우리는 비로소 감정을 다룰 수 있는 출발선에 선다. 감정을 없애려 하기보다, 감정이 생겨난 자리를 바라보는 것. 그것이 이 책이 도달하려는 가장 느린 결론이다.

아직 답은 없다. 다만 방향은 조금 분명해졌다. 감정은 역사에서 왔고, 정체성에서 자랐으며, 지금의 위치에서 흔들리고 있다. 그 사실을 인정하는 것, 그리고 그 위에서 다시 묻는 것. 우리는 누구이며, 이 이웃과 어떤 거리에서 살아가고 싶은가.

한국에게 중국은 감정이다

2

일본은 '넘어야 할 대상',
중국은 '피하고 싶은 대상'

사소한 물건에서 시작된 감정의 역사

우리의 감정은 언제나 거대한 사건에서 시작되지 않는다. 오히려 가장 평범한 순간, 손에 쥔 물건 하나, 무심코 지나친 경험 하나에서 오래된 인식의 씨앗이 자란다. 역사는 교과서 속에만 있는 것이 아니라, 부엌 한편에 놓인 가전제품 속에도, 어린 시절 귀에 꽂았던 이어폰의 감촉 속에도 숨어 있다. 여기에서 이야기하려는 일본과 중국에 대한 감정의 차이는, 외교 문서나 전쟁의 연표보다 먼저, 그런 일상의 경험에서 출발한다.

우리는 흔히 국가 이미지를 정치와 외교의 결과라고 생각한다. 그러나 실제로는 감정이 먼저 형성되고, 그 감정 위에 국가라는 이름이 얹힌다. 일본과 중국을 바라보는 한국 사회의 시선 역시 마찬가지다. 그것은 사상이나 이념 이전에, '믿을 수 있었던 경험'과 '믿기 어려웠던 기억'이 차곡차곡 쌓여 만들어진 감정의 지층이다.

일본이라는 이름에 붙어 있던 '신뢰'라는 감각

한때 일본은 믿어도 되는 나라였다. 이 문장은 어떤 이에게는 불편하게 들릴지도 모른다. 그러나 부정하기 어려운 사실이기도 하다. 적어도 한국 사회의 일상 속에서 일본은 오랫동안 '신뢰'라는 단어와 함께 호명되어 왔다.

1970년대부터 1990년대까지, 한국의 수많은 가정에는 일본에서 만들어진 물건들이 자연스럽게 스며들었다. 코끼리표 전기밥솥은 말없이 제 역할을 다했고, 소니 워크맨에서 흘러나오던 음악은 단순한 소리가 아니라 기술에 대한 믿음이었다. 워크맨에서 업그레이드된 CD 플레이어, 일상의 소소한 추억을 담아 보관했던 디지털 카메라, 가전제품들은 화려하지 않았지만 정직했다. 설명서에 적힌 대로 작동했고, 약속을 어기지 않았다.

이 물건들은 일본이라는 나라를 설명하는 하나의 언어였다. 일본은 떠들지 않았고, 과장하지 않았으며, 결과로 말하는 나라처럼 보였다. 고장이 적고, 오래 쓰일수록 신뢰가 더해지는 경험은 개인의 기억을 넘어 집단의 감각으로 확장되었다. '일본산'이라는 말은 곧 '질서 있음'과 '정확함'을 의미했다.

그래서 일본은 한국 사회에서 미워할 수는 있어도, 무시할 수는 없는 존재가 되었다. 분노와 인정이 묘하게 공존하는 대상. 일본을 향한 감정이 복잡한 이유는, 그 바탕에 이미 일정 수준의 존중과 신뢰가 깔려 있었기 때문이다.

미움 속에 숨겨진 인정, '넘어야 할 대상'의 탄생

일본을 '넘어야 할 대상'으로 인식하게 된 배경에는 바로 이 신뢰의 기억이 있다. 넘어야 할 산은, 그 높이를 인정하지 않으면 성립하지 않는다. 일본은 한국 사회에 그런 산이었다. 식민지라는 치욕의 기억을 남긴 가해자였지만, 동시에 산업화와 근대화를 가장 먼저 완주한 이웃이기도 했다.

그래서 일본을 향한 감정은 명확한 방향을 가졌다. 분노는 도덕의 언어로 정리되었고, 책임을 묻는 요구는 정치와 외교의 장으로 이어졌다. 일본은 비판의 대상이었지만, 동시에 연구의 대상이었다. 우리는 일본을 분석했고, 일본을 비교했고, 일본을 기준 삼아 스스로의 위치를 점검했다.

이 과정에서 일본은 '같은 규칙 안에 있는 경쟁자'로 자리 잡았다. 규칙을 지킬 것이라는 전제, 약속을 어기지 않을 것이라는 기대가 있었기에 경쟁이 가능했다. 신뢰 위에서만 경쟁이 성립하듯, 일본은 그런 의미에서 한국 사회가 감히 겨룰 수 있다고 느낀 상대였다.

중국을 떠올릴 때 먼저 떠오르는 감각

중국은 달랐다. 중국은 전혀 다른 감각으로 기억되었다. 1980~90년대, 한국 사회가 중국을 '세계의 공장'으로 받아들이던 시기, 중국에서 쏟아져 들어온 물건들은 대체로 값이 쌌고, 품질은 일정하지 않았다. 장난감, 생활용품, 전자 부품들은 쉽게 망가졌고, 규격은 들쭉날쭉했다.

중국산 제품은 고장이 나도 놀랍지 않았다. 설명서와 실제 사용법이 달랐고, 같은 이름의 제품이 서로 다른 방식으로 작동하기도 했다. 이 경험은 단순한 상품 평가에 그치지 않았다. 그것은 '중국'이라는 이름 전체에 덧씌워진 감각적 인상이 되었다.

중국은 '잘못 만든 나라'라기보다 '통제되지 않는 나라'처럼 느껴졌다. 질서보다는 혼돈, 계획보다는 즉흥, 예측보다는 불안정이 먼저 떠올랐다. 공항에서 마주친 풍경, 뉴스 속의 혼란스러운 장면, 시끄럽고 정돈되지 않은 이미지들은 물건에 대한 기억과 겹쳐지며 하나의 인상을 굳혔다.

통제되지 않는 존재가 주는 불안

중국을 향한 불편함의 핵심에는 이 '통제 불가능성'에 대한 감각이 자리 잡고 있다. 중국은 작지도, 약하지도 않았다. 오히려 너무 컸고, 너무 빨랐다. 문제는 그 크기와 속도가 예측 가능한 규칙 안에서 움직이는 것처럼 보이지 않았다는 점이다.

그래서 중국은 '피하고 싶은 숲'이 되었다. 산은 힘들어도 방향이 분명하지만, 숲은 어디로 갈지 알 수 없다. 길을 잃을 수 있고, 위험이 숨어 있을지도 모른다. 중국은 그런 존재로 인식되었다.

이 감정은 역사적 가해자의 기억에서 비롯된 것이 아니었다. 그것은 일상의 경험, 물건의 기억, 감각의 축적에서 만들어진 것이었다. 그래서 중국을 향한 감정은 명확한 언어를 갖지 못했다. 분노라기보다는 불쾌감, 비판이라기보다는 거부감에 가까웠다.

한국에게 중국은 감정이다

물건이 만든 심리적 거리

일본과 중국에 대한 감정의 차이는 결국 심리적 거리의 차이다. 일본산 전기밥솥을 쓰며 느낀 신뢰는 일본이라는 국가를 가까운 경쟁자로 끌어당겼다. 반면 중국산 싸구려 장난감을 쥐며 느낀 불안은 중국이라는 나라를 멀리 두고 싶게 만들었다.

우리가 말하는 '국가 이미지'는 이처럼 일상의 감정에서 출발한다. 그것은 객관적 사실의 총합이라기보다, 반복된 경험이 만들어 낸 감각의 결과다. 문제는 이 감각이 시간이 지나도 쉽게 갱신되지 않는다는 데 있다.

중국의 현실은 변했다. 기술은 발전했고, 품질은 향상되었으며, 세계 시장에서의 위상도 달라졌다. 그러나 감정은 느리다. 기억은 오래된 장면을 계속 재생한다. 그래서 중국의 급격한 성장 앞에서 한국 사회는 설명하기 어려운 불안을 느낀다. '저렇게 커져도 되는가'라는 질문이 마음속에 스며들고, 그 질문은 곧 불쾌감으로 변한다.

먹을 수 있는 음식의 나라와 쓰레기 음식의 나라

한국 사회에서 일본과 중국을 구분하는 감정의 결은 일상적인 경험, 특히 '먹는 것'에 대한 인식에서도 매우 극명하게 드러난다. 일본 제품과 중국 제품의 품질 차이에 대한 인식은 이미 익숙한 이야기지만, 그보다 더 깊은 층위에는 음식과 식문화에 대한 감정적 판단이 자리하고 있다. 일본 음식에 대해 한국인들이 흔히 사용하는 표현은 '정갈하다', '깔끔하다', '믿을 수 있다'는 말이다. 맛의 강약을 떠나 조리 과정이 보이고, 위생 관리가 철저하며, 음식으로 장난치지 않을 것이라는 신뢰가 전제되어 있다. 일본 음식이 반드시 더 맛있어서가 아니라, 먹어도 괜찮을 것이라는 심리적 안정감이 먼저 작동한다.

반면 중국 음식에 대한 인식은 전혀 다른 방향으로 형성되어 있다. 중국 음식은 '풍부하다', '다채롭다', '스케일이 크다'는 평가를 받지만, 동시에 '느끼하다', '기름지다', '입에 맞지 않는다'는 말이 따라붙는다. 이는 단순한 취향의 문제가 아니다. 한국 사회에서 중국 음식은 맛의 문제를 넘어 위생과 안전에 대한 불안과 결합되어 있다. 쓰레기 음식, 가짜 식재료, 비위생적인 조리 환경, 반복적으로 보도된 식품 안전사고는 중국 음식 전반에 대한 신뢰를 약화시켰다. 실제 경험 여부와 관계없이 '중국은 먹는 것으로 장난칠 수 있는 나라'라는 인식이 집단적으로 학습된 것이다.

중요한 것은 사실 여부보다 감정의 구조다. 일본 역시 완벽한 식품 안전 국가가 아니며, 과거와 현재를 통틀어 문제 없는 나라는 없다. 그럼에도 불구하고 일본 음식은 '시스템적으로 관리되고 있을 것'이라는 믿음을 얻고 있는 반면, 중국 음식은 '어디선가 문제가 생길 수 있다'는 불안이 기본값으로 깔려 있다. 이는 개인의 경험을 넘어 언론 보도, 인터넷 이미지, 집단적 이야기 들이 반복적으로 축적된 결과다. 한국 사회에서 중국은 여전히 통제되지 않은 공간, 예측하기 어려운 환경으로 인식되고 있으며, 그 인식은 가장 일상적인 영역인 식탁 위에서 가장 직접적으로 드러난다.

흥미로운 점은 일본의 원전 사고 이후 형성된 감정이다. 일본산 수산물에 대한 거부감은 매우 강하지만, 그 감정의 성격은 중국을 향한 불신과는 다르다. 일본의 바다는 오염되었지만, 그것은 '음식을 속이거나 장난

   한국에게 중국은 감정이다

쳐서'가 아니라 원전 사고라는 특정 사건, 즉 구조적 재난의 결과로 인식된다. 다시 말해 한국 사회는 일본을 '문제가 생긴 나라'로는 보지만, '의도적으로 신뢰를 저버린 나라'로는 보지 않는다. 일본 음식에 대한 불안은 조건부이며 일시적이지만, 중국 음식에 대한 불신은 포괄적이고 상시적이다.

이 차이는 일본을 대하는 감정과 중국을 대하는 감정의 본질적 차이를 보여 준다. 일본은 경쟁자이며 비교 대상이고, 때로는 분노의 대상이지만 여전히 같은 규칙 안에 있는 상대다. 반면 중국은 피하고 싶은 대상이다. 이해하려 하기보다 거리 두고 싶은 존재이며, 깊이 엮일수록 위험해질 수 있다는 막연한 두려움의 대상이다. 음식에 대한 인식은 이러한 감정을 가장 직관적으로 드러내는 지표다. 우리는 일본 음식을 경계할 수는 있어도, 일본이라는 나라 자체를 의심하지는 않는다. 그러나 중국 음식에 대해서는 개별 음식이 아니라 중국이라는 국가와 사회 전체를 함께 의심한다.

맛의 문제가 아닌 신뢰의 문제

결국 이는 미각의 문제가 아니라 신뢰의 문제였다. 무엇을 먹을 수 있는가, 무엇을 피해야 하는가는 단순한 선택처럼 보이지만, 그 배경에는 국가와 사회를 어떻게 바라보는지가 고스란히 반영되어 있다. 한국 사회에서 일본은 여전히 통제 가능한 상대, 규칙을 공유하는 경쟁자지만, 중국은 규칙 밖에 있는 존재, 언제든 예외가 발생할 수 있는 불안정한 대상으로 자리 잡고 있다. 이 인식이 옳은지 여부와 별개로, 중요한 것은 이러한 감정이 이미 한국인의 일상 속 깊숙이 스며들어 있다는 사실이다.

이처럼 일본과 중국을 구분하는 한국인의 감정은 정치나 외교의 영역에서만 형성된 것이 아니다. 식탁 위에서, 장바구니 안에서, '먹어도 될까'라는 아주 사소한 질문 속에서 이미 완성되어 있다. 그리고 이 일상의 감정이 쌓여 국가에 대한 판단으로 확장될 때, 우리는 종종 그 판단이 얼마나 감정에 의존하고 있는지를 인식하지 못한 채 확신을 갖게 된다. 이 책이 질문하고자 하는 것도 바로 그 지점이다. 우리는 과연 무엇을 근거로 일본을 넘을 수 있는 대상으로, 중국을 피해야 할 대상으로 규정하게 되었는가. 그리고 그 판단은 어디까지가 경험이고, 어디서부터가 학습된 감정인가.

신뢰 위에서만 가능한 경쟁

경쟁은 신뢰를 전제로 한다. 같은 규칙을 지킬 것이라는 믿음이 있을 때만 경쟁은 의미를 갖는다. 일본과의 관계에서 한국 사회는 그 신뢰를 경험했다. 그래서 미워하면서도 분석했고, 비판하면서도 배웠다. 그 인식은 결국 한국 사회의 성장 동력이 되었다.

그러나 중국과의 관계에서는 그 전제가 성립하지 않았다. 중국은 너무 크고, 너무 복잡하며, 너무 빠르게 변했다. 규칙이 보이지 않는 상대와의 경쟁은 두려움을 낳는다. 그래서 선택된 감정은 경쟁이 아니라 회피였다.

이 회피는 곧 심리적 거리로 굳어졌다. 중국은 무시할 수 없는 이웃이지만, 존중하기에는 마음이 준비되지 않은 존재가 되었다. 이 애매한 위치가 감정을 더욱 날카롭게 만든다.

신뢰가 만들어 낸 경쟁의 언어, 경쟁이 남긴 상처

일본과의 관계에서 한국 사회는 오래도록 경쟁의 언어를 사용해 왔다. 경쟁은 감정을 거칠게 만들기도 하지만, 동시에 생각하게 만든다. 왜 뒤처졌는지, 무엇이 부족한지, 어디서부터 다시 시작해야 하는지를 묻게 한다. 그래서 일본을 향한 분노는 자주 분석과 성찰로 이어졌다. 분노가 방향을 가질 수 있었던 이유는, 그 밑바닥에 여전히 "저 나라는 체계적으로 움직인다"는 인식이 깔려 있었기 때문이다.

일본은 잘 정리된 사회처럼 보였다. 규칙이 있고, 그 규칙을 어기면 제재가 따르며, 개인보다 시스템이 앞서는 나라. 우리는 그 질서를 비판하면서도 동시에 부러워했다. 일본 사회의 단단함은 한국 사회가 스스로를 점검하는 기준점이 되었다. 그래서 일본을 향한 감정은 언제나 이중적이었다. 미워하면서도 배우려 했고, 분노하면서도 따라잡으려 했다.

넘어야 할 대상이 있다는 것은, 그 대상이 내 앞에 분명히 서 있다는 뜻이다. 방향이 있고, 높이가 있으며, 언젠가는 도달할 수 있을 것이라는 희망이 있다. 경쟁은 고통스럽지만, 그 고통은 성장을 전제로 한다.

중국을 둘러싼 말의 공백

중국을 대할 때, 한국 사회는 다른 언어를 사용한다. 아니, 정확히 말하면 언어를 찾지 못한 채 망설인다. 일본을 향해서는 "사과", "책임", "역사"라는 단어들이 자연스럽게 이어지지만, 중국을 향해서는 그런 명확한 단어들이 쉽게 떠오르지 않는다.

중국에 대한 감정은 설명되지 않은 채 축적된다. 불편함, 거부감, 피로감, 때로는 조롱과 경멸이 뒤섞인다. 그러나 이 감정들은 하나의 문장으로 정리되기보다는, 파편적인 말들로 흩어진다. "중국은 원래 그렇다." 이 문장은 분석의 끝이 아니라, 분석의 포기다.

이 말 속에는 체념과 회피가 동시에 담겨 있다. 이해하려는 시도 대신 거리를 두려는 마음, 질문을 던지기보다 고개를 돌리고 싶은 심리. 그래서 중국을 향한 감정은 논쟁보다는 냉소로, 비판보다는 혐오로 쉽게 미끄러진다.

너무 커져 버린 이웃이 주는 정체성의 흔들림

중국에 대한 불안은 단순히 과거의 기억 때문만은 아니다. 오히려 그것은 현재 진행형의 문제다. 중국은 더 이상 '뒤처진 나라'가 아니다. 경제 규모는 한국을 훨씬 앞질렀고, 기술과 산업에서도 빠르게 격차를 좁히고 있다. 이 변화는 한국 사회의 자부심을 조용히 흔든다.

한국은 스스로를 '성공한 근대화 국가'로 인식해 왔다. 전쟁의 폐허에서 출발해 산업화를 이루고, 민주화를 거쳐 세계 속에서 자리를 잡았다는 자부심은 오랫동안 우리의 정체성을 지탱해 왔다. 그런데 중국의 급격한 부상은 이 결과에 질문을 던진다. "그럼 우리는 지금 어디에 있는가?"

이 질문에 우리는 결코 쉽게 답할 수 없다. 그래서 감정은 불안을 먼저 드러낸다. 중국을 이해하려고 들여다볼수록, 비교가 시작되고, 비교는 곧 불안으로 이어진다. 일본과의 비교는 익숙했지만, 중국과의 비교는 불편하다. 너무 크고, 너무 빠르고, 너무 다른 체제이기 때문이다.

경쟁 대신 회피를 선택하게 되는 이유

일본과는 경쟁이 가능하다고 느꼈지만, 중국과는 경쟁의 규칙 자체가 보이지 않는다. 경쟁은 상대가 같은 게임을 하고 있다는 믿음 위에서만 성립한다. 그러나 중국은 그 규칙을 공유하지 않는 것처럼 보인다. 국가와 시장, 개인과 권력이 얽힌 방식이 한국 사회의 감각과 너무 다르다.

그래서 중국은 '같이 달릴 상대'가 아니라 '피해야 할 변수'로 인식된다. 이 인식은 무력감을 낳고, 무력감은 혐오로 변질되기 쉽다. 혐오는 생각을 멈추게 한다. 이해하지 않아도 되게 만들고, 질문을 던지지 않아도 되게 만든다.

결국 중국에 대한 감정은 한국 사회 내부의 불안과 맞닿는다. 중국이 불편한 이유는 중국이기 때문이 아니라, 중국을 통해 우리 자신의 위치가 드러나기 때문이다. 우리가 더 이상 압도적인 성공 신화 속에 있지 않다는 사실, 그리고 그다음 이야기를 아직 쓰지 못하고 있다는 자각이 중국이라는 이름에 투사된다.

감정이 앞서고, 해석이 뒤따르는 사회

중국을 둘러싼 논쟁에서 감정은 늘 해석보다 앞선다. 사건이 발생하면 분석보다 반응이 먼저 나온다. 뉴스의 한 장면, SNS의 짧은 영상, 자극적인 제목 하나가 전체 이미지를 대신한다. 이렇게 형성된 감정은 쉽게 확증 편향으로 굳어진다.

이 과정에서 중국은 하나의 단일한 얼굴로 축소된다. 복잡한 사회, 다양한 계층, 내부의 갈등과 변화는 사라지고, '중국은 그렇다'는 이미지 하나만 남는다. 이것은 이해의 실패이자, 동시에 감정의 방어다. 복잡함을 받아들이는 대신 단순화를 선택하는 것이다.

이 구조의 문제는 감정이 개인 차원을 넘어 공론의 출발점이 된다는 데 있다. 여론은 질문에서 시작되지 않고, 이미 정해진 결론을 확인하는 방식으로 움직인다. "왜 이런 일이 벌어졌는가"보다 "역시 그렇다"는 반응이 먼저 나온다. 해석은 감정을 설명하기 위한 도구가 아니라, 감정을 정당화하기 위한 장치로 사용된다.

그 결과, 중국과 관련된 논의는 정책·전략·현실의 언어가 아니라, 호감과 반감의 언어로 치환된다. 찬반은 빠르게 갈리지만, 그 사이를 메우는 설명은 비어 있다. 감정이 앞선 사회에서는 판단이 누적되지 않는다. 매번 새로운 사건처럼 다뤄지고, 이전의 분석은 남지 않는다. 그래서 같은 논쟁이 반복되고, 같은 결론이 재생산된다. 이 피로한 순환 속에서 중

한국에게 중국은 감정이다

국은 점점 '이해의 대상'이 아니라 '반응의 대상'이 되어 간다.

말하지 못한 감정이 남기는 흔적

일본을 향한 감정은 말해질 수 있었고, 그래서 사회적 토론의 대상이 되었다. 반면 중국을 향한 감정은 말해지지 못한 채 축적되었다. 이 말의 공백이 문제다. 말로 정리되지 않은 감정은 쉽게 왜곡되고, 과장되며, 극단으로 치닫는다.

중국에 대한 혐오는 그래서 때로는 과도하다. 하나의 사건이 전체를 대표하고, 일부의 행동이 국가의 성격으로 일반화된다. 그 안에는 두려움과 피로, 그리고 인정하기 어려운 열등감 같은 감정들이 뒤엉켜 있다.

말해지지 않은 감정은 다른 방식으로 표출된다. 공식적인 언어 대신 소문과 추측, 자극적인 이야기의 형태로 떠돈다. 사실 여부를 확인하기 어려운 이야기일수록 빠르게 확산되고, 그럴듯한 공포 사례는 감정을 붙잡아 두는 역할을 한다. 이 과정에서 중국인은 현실의 타인이 아니라, 상상 속의 존재로 변형된다.

이 흔적은 일상에서도 남는다. 농담처럼 던지는 말, "왠지 찜찜하다"는 감각, 이유를 설명하지 않아도 공유되는 불안. 말하지 않아도 통한다고 느끼는 순간, 감정은 더욱 고정된다. 토론되지 않은 감정은 검증되지 않고, 검증되지 않은 감정은 쉽게 신념이 된다. 이렇게 쌓인 감정의 층위는 시간이 지날수록 더 단단해지고, 새로운 정보가 들어와도 쉽게 흔들리지 않는다. 결국 말하지 못한 감정은 사라지지 않는다. 다만 다른 얼굴로 남아 사회 곳곳에 스며들 뿐이다.

우리는 감정을 어떻게 다루어 왔는가

감정은 자연스럽게 생기지만, 그것을 다루는 방식은 사회가 오랜 시간에 걸쳐 학습한 결과다. 일본을 향한 분노가 비교적 또렷한 언어를 갖추게 된 데에는 이유가 있다. 그 분노는 수십 년 동안 공론장의 토론을 거치며 다듬어졌고, 역사 교육과 정치적 논쟁, 시민 사회의 움직임 속에서 반복적으로 호출되었다. 그래서 일본을 향한 감정은 거칠지만 방향이 있다. 분노는 질문으로 바뀌었고, 질문은 요구와 압박이라는 형태로 사회 속에 자리 잡았다.

반면 중국을 향한 감정은 아직 말의 옷을 입지 못한 상태에 가깝다. 불편함과 불안은 확실히 존재하지만, 그것이 어떤 질문으로 이어져야 하는지에 대해서는 합의가 없다. 그래서 이 감정은 종종 과잉 반응으로 폭발하거나, 반대로 냉소와 무관심 속으로 가라앉는다. 질문이 없는 감정은 쉽게 단정으로 흘러간다. "원래 그렇다"는 말은 더 이상 생각하지 않겠다는 선언이기도 하다.

질문을 멈춘 사회는 이해의 가능성도 함께 닫아 버린다. 이해하지 않겠다는 태도가 관계를 단절시키는 것은 아니다. 오히려 이해 없는 관계는 더 잦은 충돌을 낳는다. 말로 정리되지 않은 감정은 결국 행동과 반응의 형태로 튀어나오기 때문이다.

                                                    한국에게 중국은 감정이다

피하려 할수록 커지는 존재

피하고 싶은 대상은 아이러니하게도 더 크게 느껴진다. 시야에서 지우려 할수록 존재감은 오히려 또렷해진다. 중국이 그렇다. 외면하고 싶어도 중국은 이미 한국 사회의 일상 깊숙이 들어와 있다. 경제와 산업, 문화와 기술, 외교의 장면 어디에서도 중국은 더 이상 주변부가 아니다.

이 거대한 이웃을 피하려는 태도는 결국 피로를 낳는다. 피로는 불신으로, 불신은 혐오로 이어진다. 이 과정에서 감정은 점점 거칠어지고 판단은 단순해진다. 복잡한 현실을 견디기보다는 하나의 이미지로 압축해 버리는 편이 훨씬 쉽기 때문이다. 그러나 단순화된 이미지는 현실을 설명하지 못한다. 설명하지 못한 현실은 다시 불안을 키우고, 그 불안은 또 다른 혐오로 되돌아온다. 이 악순환은 생각보다 오래 지속된다.

일본을 통해 배운 것과 중국 앞에서 멈춘 지점

한국 사회는 일본과의 관계 속에서 중요한 경험을 축적해 왔다. 분노를 조직하는 법, 기억을 제도화하는 법, 감정을 정치적 언어로 전환하는 법이다. 그 과정은 결코 매끄럽지 않았고 여전히 갈등을 동반하지만, 최소한 감정이 사회적 논의로 이어질 수 있다는 가능성을 보여 주었다.

중국 앞에서 우리는 이 경험을 충분히 활용하지 못하고 있다. 일본을 대할 때처럼 중국을 질문의 대상으로 놓지 않는다. 대신 피로와 불편함의 대상으로 밀어낸다. 이는 중국에 대한 태도의 문제이기도 하지만, 동시에 우리 자신을 바라보는 태도의 문제이기도 하다. 중국을 이해하려 한다는 것은 중국만 들여다보는 일이 아니다. 그 과정에서 우리는 우리 자신의 위치와 불안, 그리고 한계를 함께 마주해야 한다. 아마도 그래서 많은 경우 우리는 그 질문을 피한다. 질문은 언제나 대답을 요구하기 때문이다.

이해와 옹호 사이에서

중국을 이해하자고 말하면, 종종 그 말은 오해를 불러온다. 이해가 곧 옹호라는 착각 때문이다. 그러나 이해와 옹호는 전혀 다른 차원의 문제다. 이해는 현실을 정확히 보려는 태도이고, 옹호는 가치 판단이다. 이해 없이 이루어지는 판단은 감정에 쉽게 휘둘린다.

일본을 향한 도덕적 분노가 사회적 힘을 가질 수 있었던 이유는, 그 분노가 비교적 정확한 이해 위에 쌓여 있었기 때문이다. 일본의 역사 인식과 정치 구조, 사회 시스템에 대한 지속적인 분석이 있었기에 분노는 단순한 적대감이 아니라 요구와 압박의 언어로 작동할 수 있었다. 중국을 향한 감정 역시 언젠가는 이 단계로 넘어가야 한다. 그렇지 않으면 그 감정은 계속해서 불안정한 상태로 남아 사회 내부를 소모시킬 뿐이다.

감정의 선택이 남기는 것

일본은 우리에게 여전히 넘어야 할 대상으로 남아 있다. 그 '산'이라는

          한국에게 중국은 감정이다

대상은 우리에게 과거에 직접적인 상처를 주었고, 아직 정리되지 않은 문제들을 품고 있다. 그러나 산은 방향을 제시한다. 오르든, 돌아가든, 다른 길을 찾든 선택할 수 있다. 중국은 아직 안개 낀 숲에 가깝다. 어디로 이어지는지 알 수 없고 길이 여러 갈래로 갈라져 있다. 그러나 숲을 영원히 피해 갈 수는 없다. 언젠가는 그 숲을 통과해야 한다.

그때 필요한 것은 혐오가 아니라 질문이다. 감정이 아니라 지도다. 지도는 단번에 완성되지 않는다. 길을 잃고 되돌아가며 조금씩 그려진다. 중국을 향한 이해 역시 마찬가지다.

결국 이 이야기는 일본이나 중국에 관한 이야기이기보다, 우리 자신에 관한 이야기라는 것이다. 우리가 어떤 사회인지, 불안을 어떻게 다뤄 왔는지, 그리고 앞으로 어떤 언어를 선택할 것인지에 대한 이야기 말이다. 일본을 '넘어야 할 대상'으로 삼을 수 있었던 이유는 그 대상이 우리를 비추는 거울이었기 때문이다. 중국 역시 다르지 않다. 불편한 이웃은 언제나 우리 내면 속의 불안을 비춘다.

우리는 지금 안개 낀 숲 앞에 서 있다. 그 앞에서 어떤 감정을 선택하고, 어떤 질문을 던질 것인지는 결국 우리의 몫이다.

3

미국이라는 제3의 축

— 기억과 현실이 만나는 지점

감정은 교과서보다 먼저 배운다

우리가 일본과 중국을 어떻게 바라보게 되었는지를 묻는 질문은 흔히 교과서와 외교 문서, 혹은 뉴스 화면으로 향한다. 언제 국교를 정상화했고, 어떤 조약이 있었으며, 어느 시점에서 갈등이 촉발되었는지를 따지는 방식이다. 그러나 실제로 한 개인이 특정 나라를 좋아하거나 경계하게 되는 과정은 그렇게 공적인 언어로 시작되지 않는다. 우리의 인식은 훨씬 이전, 더 사적이고 조용한 공간에서 만들어진다. 식탁 위에서 오가는 짧은 말, 어른들의 한숨, 반복되는 기억의 이야기 속에서 감정은 먼저 자리를 잡고, 논리와 정보는 그 뒤를 따라온다.

나는 그렇게 세계를 배웠다. 나의 국제정치는 신문 칼럼이나 역사 교과서에서 출발하지 않았다. 그것은 가족의 말투와 표정, 어떤 나라의 이름이 나올 때마다 달라지는 공기의 밀도 속에서 형성되었다. 어린 시절의 나는 '국가'라는 개념을 정확히 이해하지 못했지만, 누가 '우리 편'이고 누가 '경계해야 할 대상'인지는 본능처럼 알고 있었다. 그 기준은 설명되지

한국에게 중국은 감정이다

않았고, 설명될 필요도 없었다. 감정은 이미 답을 알고 있었기 때문이다.

내가 처음 만난 국제정치는 개념이 아니라 할머니의 태도였다. 할머니는 일제강점기와 6·25전쟁을 모두 몸으로 통과한 세대였다. 그에게 일본과 북한은 질문의 대상이 아니었다. 그것은 설명을 요구하지 않는 절대적인 '적'이었다. 반면 미국은 의심의 여지가 없는 '우리 편'이었다. 이 구도는 논리의 산물이 아니라 생존의 기억에 가까웠다. 일본과 북한을 이야기할 때 할머니의 얼굴에는 늘 분노와 공포, 그리고 말로 다 설명할 수 없는 상실의 그림자가 드리워졌다. 그 감정은 현재형이었다. 이미 지나간 일이 아니라, 여전히 몸 어딘가에 남아 있는 통증처럼 느껴졌다.

미국을 이야기할 때의 할머니는 전혀 달랐다. 그 얼굴에는 감사와 신뢰, 때로는 거의 신앙에 가까운 믿음이 배어 있었다. 할머니에게 미국은 추상적인 국가가 아니었다. 그것은 전쟁의 폐허 속에서 살아남게 해 준 힘이었고, 모든 것이 무너진 자리에서 다시 시작할 수 있다는 가능성이었다. 미국은 멀리 있었지만, 감정적으로는 가장 가까운 나라였다. 그래서 할머니는 늦은 나이에도 영어 공부를 멈추지 않았다. 발음이 완벽하지 않아도, 문장이 서툴러도 상관없었다. 사전을 옆에 두고 단어를 하나씩 외우며, 언젠가 가 보게 될 미국의 거리를 마음속에서 먼저 걸었다.

그 모습은 학습이라기보다 의식에 가까웠다. 영어 단어 하나를 외울 때마다, 할머니는 자신의 삶이 그 나라와 연결되어 있다는 사실을 확인하는 듯 보였다. 그리고 실제로 미국 땅을 밟았을 때, 그 감격은 여행의 기쁨이 아니었다. 그것은 오랫동안 마음속에 품어 온 믿음이 현실로 증명되는 순간이었다. 할머니의 눈빛에는 관광객의 설렘이 아니라, 역사의 증인이 마침내 현장에 도착했다는 안도감이 담겨 있었다.

이 기억은 나에게 단순한 가족사의 한 장면이 아니다. 전쟁과 분단을 통과한 한국 사회 집단 기억의 한 단면이다. 그 세대에게 미국은 선택지가 아니었다. 그것은 하나의 운명이었고, 생존의 조건이었다. 그래서 미국을 비판적으로 바라보는 시선은 종종 배은망덕처럼 느껴지기도 했다. 이 감정은 토론으로 설득할 수 있는 영역이 아니었다. 그것은 살아남았다는 사실 그 자체와 깊게 얽혀 있었기 때문이다.

같은 집, 다른 적

그러나 같은 집안에서도 감정의 방향은 하나로 고정되지 않았다. 할머니의 딸, 그러니까 내 고모는 일본인과 결혼했다. 이 결혼은 가족 안에서 가장 큰 균열을 만들었다. 할머니는 이 결혼을 단 하나의 이유로 반대했다. "일본 사람이기 때문에." 그 이유는 끝내 바뀌지 않았다. 상대가 어떤 사람인지, 어떤 삶을 살아왔는지는 중요하지 않았다. 국적 하나만으로 모든 판단이 끝났다.

결혼 이후에도 할머니는 고모부 앞에서 일본에 대한 혐오를 숨기지 않았다. 그것은 특정 개인을 미워해서라기보다, 개인과 국적을 분리할 수 없었던 시대의 감정이 그대로 남아 있었기 때문이다. 할머니에게 일본인은 언제나 '그 나라'의 대표였다. 아무리 성실하고 친절한 사람이라 해도, 그 얼굴 위에는 역사라는 그림자가 덧씌워져 있었다.

나는 이 모습을 지켜보며 자랐다. 한쪽에는 미국을 향한 무조건적인 동경이 있었고, 다른 한쪽에는 일본을 향한 무조건적인 증오가 있었다. 이

한국에게 중국은 감정이다

두 감정은 서로 충돌하지도, 화해하지도 않은 채 한 공간에 공존했다. 집 안의 공기는 늘 그 미묘한 긴장을 품고 있었다. 그때 나는 어렴풋이 깨달 았다. 이것은 우리 가족만의 문제가 아니라, 한국 사회가 오랫동안 공유 해 온 감정의 지도라는 사실을.

일본은 분명한 과거의 적이었다. 원망의 이유가 명확했고, 분노의 출처 도 확실했다. 그래서 감정은 격렬했지만 방향을 잃지는 않았다. 미워해야 할 이유를 말로 설명할 수 있었고, 그 설명은 다음 세대에게도 반복적으 로 전달되었다. 교과서보다 앞서, 감정이 먼저 전해졌다. "일본은 그런 나 라다"라는 문장은 사실의 진술이라기보다 정서의 전달이었다.

그 정서는 시간이 흘러도 쉽게 사라지지 않았다. 오히려 일상 속에서 더 단단해졌다. 특정 뉴스가 나올 때, 스포츠 경기에서 일본 팀을 만났을 때, 역사 문제가 다시 불거질 때마다 그 감정은 즉각적으로 활성화되었다. 그 것은 기억이라기보다 반사에 가까웠다. 생각하기 전에 이미 반응하고 있 었다.

이 글을 쓰며 나는 과거의 감정을 비난하려는 것이 아니다. 그것은 명확 한 역사적 맥락 속에서 형성된 것이며, 쉽게 판단할 수 없는 무게를 지니 고 있다. 다만 나는 그 감정이 어디에서 시작되었는지를, 어떻게 내 안에 스며들었는지를 가만히 들여다보고 싶었을 뿐이다. 할머니의 눈빛과 목 소리, 고모의 선택과 그로 인한 가족의 긴장 속에서 나는 감정이 어떻게 한 사람의 세계관을 형성하는지를 배웠다.

우리는 흔히 자신이 합리적으로 판단한다고 믿는다. 그러나 그 판단의 출발점에는 언제나 오래된 감정이 자리하고 있다. 그것은 개인의 기억이 기도 하고, 사회가 축적해 온 집단적 감정이기도 하다. 나의 이야기는 특별하지 않다. 오히려 많은 한국인에게 익숙한 풍경일 것이다. 바로 그렇기 때문에, 이 이야기는 개인의 회고를 넘어 하나의 질문으로 이어진다. 우리는 과연 무엇을 먼저 배웠고, 무엇을 너무 늦게 배우고 있는가. 그리고 아마도 이 글을 읽는 독자 각자의 기억 속에서도, 비슷한 장면 하나쯤은 조용히 떠오르고 있을 것이다.

중국이라는 또 다른 이름의 불편함

한국 사회에서 중국이라는 이름은 늘 어딘가 불편한 음절을 품고 있다. 일본을 말할 때와는 전혀 다른 종류의 긴장감이 따라붙는다. 일본이 과거의 상처라면, 중국은 현재형의 불안에 가깝다. 일본을 떠올릴 때 우리는 역사책의 페이지를 넘기듯 과거로 시선을 돌리지만, 중국을 이야기할 때는 본능적으로 지금을 경계한다. 그 차이는 단순한 외교 관계의 문제가 아니라, 한국 사회가 오랫동안 체화해 온 감정 구조의 차이에서 비롯된다.

중국은 사회주의 국가라는 이유만으로도 한국 사회에서 일종의 낙인이 찍혀 있었다. 그것은 '다른 선택을 한 나라'가 아니라, '잘못된 선택을 한 나라'라는 판단이었다. 냉전의 언어는 언제나 단순했고, 그 단순함은 오히려 오래 살아남았다. 자유 대 공산, 선 대 악이라는 이분법 속에서 중국은 복잡한 현실을 가질 기회조차 부여받지 못했다. 중국이라는 나라는 설명되기 전에 이미 평가되었고, 이해되기 전에 이미 배제되었다.

6·25전쟁에서 중국군은 직접 총을 들고 내려온 존재였다. 교과서 속의 중국은 늘 '중공군'이라는 이름으로 등장했고, 그 이름에는 인간의 얼

한국에게 중국은 감정이다

굴이 없었다. 중국은 마치 하나의 거대한 붉은 파도처럼 묘사되었다. 전쟁 이후에도 중국은 북한과 손을 잡고 미국과 대립했다. 이 기억은 중국을 일본과는 전혀 다른 감정의 대상으로 만들었다. 일본이 이미 끝난 전쟁의 가해자라면, 중국은 언제든 다시 적이 될 수 있는 현재진행형의 긴장이었다.

그래서 중국은 성장하기도 전에, 변화하기도 전에 이미 반감의 틀 안에 갇혀 있었다. 개혁개방 이후 중국이 어떤 변화를 겪고 있는지, 그 사회 내부에서 어떤 균열과 고민이 일어나고 있는지는 한국 사회에서 거의 이야기되지 않았다. 중요한 것은 중국이 무엇을 하고 있는가가 아니라, 중국이 '어떤 체제인가'였다. 체제는 곧 인격처럼 취급되었고, 그 체제에 속한 모든 개인은 하나의 얼굴로 환원되었다.

중국은 이해해야 할 대상이 아니라 경계해야 할 체제였다. 그 감정은 분석 이전에 자리 잡았고, 설명되기보다는 전해졌다. 왜 불편한지 묻기보다는, 불편하다는 사실 자체가 더 중요했다. 그 불편함은 질문을 허용하지 않았다. 질문은 때로 의심으로 간주되었고, 의심은 곧 배신처럼 여겨지기도 했다.

나 역시 그런 감정의 지형 위에서 자랐다. 중국은 멀리 있었지만, 늘 위험한 이름으로 존재했다. 뉴스 속에서 중국은 시끄럽고, 무질서하며, 집단적이고, 통제된 사회였다. 개인은 없고 국가만 있는 나라. 자유는 사치이고, 인간은 도구처럼 움직이는 곳. 그 이미지가 진실인지 아닌지를 따져 볼 기회는 없었다. 이미 '상식'이라는 이름으로 굳어 있었기 때문이다.

감정을 안고 떠나다

그리고 나는 그 중국으로 갔다. 지금에 와서 생각해 보면, 그 선택은 단순한 유학이나 이주의 결정이 아니었다. 그것은 내가 물려받은 감정과 정면으로 마주하겠다는 무의식적인 결단에 가까웠다. 나는 중국에 대해 잘 알지 못했지만, 동시에 너무 많이 알고 있다고 믿고 있었다. 그 '앎'이 사실은 감정의 덩어리였다는 사실을, 나는 그때는 알지 못했다.

공항에 도착했을 때의 기억은 지금도 생생하다. 안내 방송의 중국어 발음은 귀에 잘 들어오지 않았고, 사람들의 말소리는 하나의 소음처럼 느껴졌다. 공항의 공기는 낯설고 무거웠다. 나는 무의식적으로 주변을 경계하고 있었다. 몸이 먼저 반응했다. 머리로는 '괜찮다'고 말하고 있었지만, 마음은 이미 긴장 상태에 들어가 있었다.

처음 몇 달 동안 나는 늘 주변을 관찰했다. 사람들이 어떻게 말하는지, 어떻게 줄을 서는지, 어떻게 화를 내는지, 어떻게 웃는지를 유심히 보았다. 마치 이 사회가 정말로 내가 배워 온 그대로인지 확인하려는 사람처럼 행동했다. 그 시선은 중립적이지 않았다. 이미 답을 정해 놓고 증거를 찾는 눈에 가까웠다.

그러나 시간이 흐르면서 그 시선은 점점 흔들리기 시작했다. 내가 만난 중국인들은 교과서 속의 집단이 아니었다. 그들은 놀라울 만큼 개별적이었다. 각자의 욕망이 있었고, 각자의 좌절이 있었으며, 각자의 농담과 약점이 있었다. 체제는 하나였지만, 삶의 방식은 제각각이었다. 어떤 이는 체제를 신뢰했고, 어떤 이는 냉소했고, 어떤 이는 아예 관심이 없었다.

특히 대학 캠퍼스에서 만난 중국 청년들은 내가 상상했던 모습과는 전혀 달랐다. 그들은 정치보다 취업을 걱정했고, 이념보다 연애와 성적을 고민했다. 친구와의 관계에 상처받고, 가족의 기대에 눌려 있었다. 그 모습은 너무도 익숙해서, 어느 순간 나는 스스로에게 묻게 되었다. "내가 지금 보고 있는 이 사람들과, 내가 두려워해 온 중국은 과연 같은 것인가?"

그 질문은 나를 불편하게 만들었다. 왜냐하면 그 질문은 나의 감정이 단순하지 않다는 사실을 인정해야 했기 때문이다. 나는 중국을 경계하면서도, 동시에 중국인들과 웃고 이야기하고 있었다. 그 모순은 나를 흔들었다. 하나를 선택해야 할 것 같았고, 그 선택은 곧 나의 정체성과 연결되는 문제처럼 느껴졌다.

그곳에서 나는 공부했고, 일했고, 생활했다. 시장에서 흥정을 하고, 버스를 타고, 병원에 가고, 관공서를 오갔다. 그 모든 과정에서 중국은 점점 추상적인 이름이 아니라 구체적인 장소가 되어 갔다. 냄새와 소리, 사람의 얼굴을 가진 공간이 되었다. 그렇게 중국은 조금씩 '나라'가 아니라 '삶의 배경'이 되었다.

그리고 그 과정에서 나는 중국인 남편을 만났다. 그 만남은 나의 세계를 다시 한번 뒤흔들었다. 이제 중국은 더 이상 외부의 대상이 아니었다. 가족의 일부가 되었고, 나의 일상이 되었다. 이 선택은 나를 완전히 다른 위치로 옮겨놓았다. 나는 더 이상 안전한 거리에서 중국을 평가할 수 없게 되었다.

내 할머니가 전쟁을 통해 세계를 배웠다면, 나는 국경을 넘는 삶을 통해 세계를 배웠다. 할머니에게 세계는 생존의 문제였고, 나에게 세계는 관계의 문제였다. 그 차이는 세대의 차이이기도 했지만, 시대의 차이이기도 했다. 나는 더 이상 '적과 아군'이라는 단순한 구도로 세계를 이해할 수 없게 되었다.

언어를 익히고, 현지의 공기를 마시며, 매일의 삶을 함께 살아 내는 과정에서 '중국'은 더 이상 하나의 이미지가 아니었다. 그것은 수많은 얼굴과 목소리, 모순과 가능성을 가진 거대한 현실이었다. 물론 불편함이 사라진 것은 아니었다. 체제의 문제는 여전히 존재했고, 때로는 그 한계를 뼈아프게 느끼기도 했다. 그러나 그 불편함은 이제 막연한 공포가 아니라, 구체적인 고민의 형태를 띠기 시작했다.

나는 여전히 한국인이다. 한국에서 자라며 배운 감정과 기억은 쉽게 사라지지 않는다. 그러나 동시에 나는 중국에서 살아온 사람이다. 그 두 정체성 사이에서 나는 늘 질문한다. "내가 느끼는 이 불편함은 어디에서 오는가?" 그 질문은 나를 불안하게 만들기도 하지만, 동시에 나를 성장하게 만든다.

중국이라는 또 다른 이름의 불편함은 이제 나에게 단순한 거부감이 아니다. 그것은 나를 끊임없이 생각하게 만드는 질문이다. 그리고 그 질문은, 아마도 이 시대를 살아가는 많은 한국인들이 언젠가는 마주하게 될 질문이기도 할 것이다.

미국은 설명이 필요 없는 '편'이었다

할머니 세대에게 미국은 선택지가 아니라 생존의 조건이었다. 전쟁 직후의 폐허, 굶주림과 불안 속에서 미국은 '지켜 주는 나라'로 각인되었다. 미군의 존재는 단순한 군사력이 아니라, 다시는 전쟁을 겪지 않아도 된다

   한국에게 중국은 감정이다

는 약속처럼 느껴졌다.

이 감정은 세대를 건너며 형태만 바꾼 채 유지되었다. 부모 세대에게 미국은 발전의 모델이었다. 경제 성장의 교과서였고, 민주주의의 표본이었다. 미국식 경영, 미국식 교육, 미국식 삶의 방식은 곧 '앞선 것'의 대명사였다. 미국을 닮아 간다는 것은 곧 성공을 의미했다.

이 과정에서 미국은 비판의 대상이 되기보다 기준이 되었다. 잘못을 지적하기보다, 먼저 이해해야 할 대상이었다. 미국이 하는 말은 '의도'를 먼저 해석하게 만들었고, 미국의 선택은 '사정'을 고려하게 했다. 그것은 특혜라기보다 감정의 결과였다.

미국은 늘 '우리 편'이었기 때문이다. 그러면 중국은 왜 같은 자리에 설 수 없었을까. 중국은 이 구조 안에서 늘 다른 위치에 놓였다. 중국은 우리를 지켜 준 적이 없었고, 모델이 된 적도 없었다. 오히려 미국의 반대편에 있었고, 그 자체로 경계의 대상이었다. 중국을 이해하려는 시도는 종종 '위험한 생각'처럼 취급되었고, 중국의 입장을 설명하려는 말은 곧바로 변명이나 옹호로 오해받았다.

같은 강대국임에도, 미국과 중국을 대하는 태도는 극명하게 달랐다. 미국의 개입은 '관리'로 해석되었고, 중국의 영향력은 '침투'로 받아들여졌다. 미국의 압박은 '동맹 간 조율'이었고, 중국의 요구는 '내정 간섭'으로 읽혔다.

이 차이는 국제정치의 논리만으로는 설명되지 않는다. 결국은 감정의 문제로서, 이미 '편'으로 분류된 나라와, 끝내 '편'이 되지 못한 나라의 차이였다.

미중 사이에서 한국이 느끼는 불안

중국에서 생활하며 내가 가장 많이 느낀 감정은 중국에 대한 두려움이 아니라, 한국 사회가 느끼는 불안이었다. 중국이 커지는 것 자체보다, 중국이 커지면서 미국의 위치가 흔들릴 수 있다는 가능성이 더 큰 긴장으로 작용했다.

한국에게 미국은 단순한 동맹이 아니다. 그것은 안전망이자 심리적 버팀목이다. 이 버팀목이 약해질 수 있다는 생각은 곧 정체성의 흔들림으로 이어진다. 그래서 중국의 성장은 단순한 경제 뉴스가 아니라, 감정의 위협으로 받아들여진다.

"저 나라가 저렇게 커져도 되는가."

이러한 불안함은 사실 중국을 향한 것이 아니다. 미국과의 관계, 그리고 그 관계 위에 세워진 한국의 위치를 향한 불안의 표현이다.

중국은 그 불안을 받아 내는 대상이 되었다. 설명되지 않은 두려움은 종종 특정한 얼굴을 필요로 한다. 중국은 그렇게 '불안의 얼굴'이 되었다.

체험은 개인을 바꾸지만, 사회를 바로 바꾸지는 않는다

나는 중국에서의 경험을 통해 내 시선이 바뀌었음을 분명히 느낀다. 그러나 동시에 그 변화가 얼마나 개인적인 것인지도 절감했다. 사회는 개인의 경험보다 훨씬 느리게 움직인다. 감정은 공유될 때 힘을 얻고, 집단 기억은 반복될 때 굳어진다.

한국에게 중국은 감정이다

내가 만난 중국의 평범한 사람들, 그들의 일상과 고민, 웃음과 불안은 한국 사회의 중국 인식 속으로 쉽게 들어가지 못했다. 그 이유는 사실의 문제가 아니라, 감정의 문턱이 너무 높았기 때문이다.

미국은 이미 그 문턱 안에 들어와 있었고, 중국은 여전히 문밖에 서 있었다. 이 구조 속에서 한국 사회는 미중 사이에서 끊임없이 균형을 이야기하지만, 감정은 이미 한쪽으로 기울어져 있다.

기억과 현실이 엇갈리는 자리에서

나는 지금 기억과 현실이 만나는 지점에 서 있다. 할머니 세대의 기억, 사회가 공유한 감정, 그리고 내가 직접 경험한 현실이 한 공간에 겹쳐 있다. 이 셋은 쉽게 하나로 합쳐지지 않는다. 때로는 충돌하고, 때로는 침묵한다.

그러나 이 불일치 자체가 중요한 단서라고 생각한다. 우리가 느끼는 혼란과 불편함은 단지 중국 때문도, 미국 때문도 아니다. 그것은 오래된 감정의 지도와 빠르게 변하는 세계 사이에서 생겨난 균열이다.

이 균열을 외면한 채 어느 한쪽의 감정만을 절대화할 때, 우리는 현실을 놓치게 된다. 미국을 향한 신뢰가 필요하듯, 중국을 향한 이해 역시 선택이 아니라 과제가 된다.

그리고 이 과제 앞에서, 우리는 다시 질문하게 된다. 과연 우리는 언제까지 기억만으로 세계를 판단할 것인가. 그리고 그 기억은, 지금의 현실을 감당할 준비가 되어 있는가.

선택이 아니라 구조로 남은 감정

미국을 향한 신뢰와 중국을 향한 경계는, 이제 한국 사회에서 하나의 선택이 아니라 구조에 가깝다. 개인이 아무리 다른 생각을 하려 해도, 사회 전체가 공유해 온 감정의 흐름은 쉽게 거슬러 올라가지 못한다. 미국을 의심하는 순간에는 설명이 필요하고, 중국을 의심할 때는 설명이 필요 없다. 이 비대칭성은 오랜 시간에 걸쳐 굳어진 감정의 질서다.

한국 사회는 스스로를 늘 '현실적인 나라'라고 말해 왔다. 이념보다는 실리를, 감정보다는 계산을 중시한다고 자부한다. 그러나 미중을 대하는 태도를 들여다보면, 우리는 얼마나 감정에 충실한 사회인지 새삼 깨닫게 된다. 미국과의 관계에서는 손익 계산보다 신뢰가 먼저 나오고, 중국과의 관계에서는 손익보다 불안이 먼저 튀어나온다.

이 불균형은 개인의 편견이 아니라, 한국 사회가 살아남는 과정에서 형성한 집단적 생존 전략이었다. 전쟁과 분단, 냉전의 한가운데에서 미국을 선택한 것은 합리적 판단이었고, 그 선택은 실제로 한국 사회를 지켜 주었다. 문제는 그 판단이 '과거형'에서 멈추지 않고, '영원형'으로 굳어졌다는 데 있다.

미국은 의심하지 않는 사회

미국 역시 완벽한 나라는 아니다. 국제정치의 장에서 미국은 자국의 이익을 최우선으로 움직여 왔고, 그 과정에서 동맹국이 희생된 사례도 적지

　　　　　　　　　한국에게 중국은 감정이다

않다. 한국 역시 예외는 아니었다. 그럼에도 불구하고 한국 사회는 미국의 선택을 비판할 때조차 한발 물러서서 이해하려 든다. "미국도 사정이 있겠지"라는 문장은, 거의 자동반사처럼 튀어나온다. 미국의 결정은 비판의 대상이 되기 전에 먼저 '맥락'과 '전략'으로 해석된다.

이 태도는 단순한 친미 성향이나 정치적 입장의 문제가 아니다. 그것은 한국 사회가 오랫동안 형성해 온 불안의 반대편에 놓인 감정이다. 미국을 의심하는 순간, 한국 사회는 스스로의 안전망을 의심해야 한다. 그래서 미국에 대한 비판은 언제나 조심스럽고 제한적이다. 감정의 선을 넘지 않도록, 스스로 브레이크를 건다.

이 감정의 뿌리에는 분단과 전쟁의 기억이 깊게 자리 잡고 있다. 6·25 전쟁은 한국 사회에 분단이라는 구조적 상처를 남겼고, 동시에 명확한 기억을 각인시켰다. 전쟁에서 미군이 주도적으로 개입해 남한을 지켜 냈다는 인식, 그리고 그 과정에서 중공군이 압록강을 넘어 내려와 북한과 함께 싸웠다는 기억은 집단적 감정의 형태로 굳어졌다. 미국은 '지켜 준 존재'로, 중국은 '내려온 존재'로 기억된다. 이 기억은 세대가 바뀌어도 쉽게 사라지지 않는다. 현재의 중국과 당시의 중공군을 구분해야 한다는 이성적 설명에도 불구하고, 감정은 두 이미지를 자연스럽게 포개어 놓는다.

전쟁은 끝났지만 긴장은 끝나지 않았다. 한반도는 여전히 정전 상태에 머물러 있고, 북한의 핵과 미사일 위협은 일상의 배경음처럼 반복된다. 이 지속적인 긴장 속에서 한국 사회가 심리적으로 기대는 존재는 여전히 미국이다. 미군 주둔과 한미동맹은 군사적 장치이기 이전에 감정적 안전장치로 작동한다. 미국이 있다는 사실 자체가 위로와 안위감을 제공한다. 미국을 의심하는 순간, 이 안정감이 무너질 수 있다는 불안이 먼저 떠오르기 때문에 비판은 늘 조심스러워진다.

이 신뢰는 안보 영역을 넘어 경제 영역에서도 반복된다. 미국은 여전히 세계 경제 질서를 설계하는 중심 국가로 인식된다. 금융, 기술, 통화, 규칙의 상당 부분이 미국을 축으로 돌아간다는 사실은 한국 사회에 깊은 신뢰를 만들어 왔다. 미국과의 협력은 때로 손해가 따르더라도 '결국 믿을 수 있는 선택'이라는 인식이 강하다. 위기가 와도 미국은 시스템을 붕괴시키기보다 관리할 것이라는 믿음, 예측 불가능한 방식으로 판을 뒤집지는 않을 것이라는 기대가 전제되어 있다.

이러한 신뢰는 한국 사회의 엘리트 경로에서도 선명하게 드러난다. 한국 대기업 총수들과 핵심 경영진의 이력을 살펴보면, 미국은 거의 예외 없이 등장한다. 유학의 목적지는 여전히 미국이고, 자녀 교육 역시 마찬가지다. 미국에서 공부했다는 사실은 능력과 신뢰의 상징처럼 작동한다. 이는 단순히 교육의 질 때문만은 아니다. 미국이라는 시스템을 통과했다는 경험 자체가 '검증'으로 받아들여지기 때문이다. 반면 중국에서 공부하거나 일한 이력은 여전히 설명이 필요하고, 때로는 오해를 동반한다. 이 차이는 중국이 부족해서라기보다, 미국을 기준으로 삼아 온 감정의 구조가 이미 굳어져 있기 때문이다.

이 지점에서 중국과의 대비는 더욱 명확해진다. 중국을 향한 비판에는 미국을 대할 때와 같은 감정적 제약이 없다. 중국은 의심의 대상이자 경계의 대상이며, 언제든 감정의 분출구가 될 수 있는 존재다. 중국의 행동은 의도로 해석되고, 미국의 행동은 전략으로 이해된다. 같은 국제정치의 현실을 두고도 감정의 출발선은 전혀 다르다.

결국 이 차이는 중국이 무엇을 했느냐보다, 미국이 한국에게 어떤 존재였느냐에 더 가깝다. 미국은 한국 사회에서 하나의 국가를 넘어선다. 그것은 안보의 기억이고, 질서의 기준이며, 불안을 견디게 해 주는 심리적 기둥이다. 그래서 미국은 의심되지 않는다. 미국을 의심하는 사회가 되기에는, 한국 사회는 아직 너무 많은 불안 위에 서 있다.

두 강대국 사이에서 커지는 피로감

그러나 시간이 흐를수록 이 구조는 한국 사회에 피로를 안기고 있다. 미국과 중국 사이에서 선택을 강요받는 상황이 반복될수록, 감정의 방향은 점점 더 경직된다. 미국과의 관계를 유지하기 위해 중국을 밀어내야 하는 순간이 늘어나고, 중국과의 경제적 현실을 고려해야 할 때마다 마음 한구석에 불편함이 쌓인다.

이 피로는 종종 짜증으로, 냉소로, 혹은 과도한 혐오로 표출된다. 감정은 복잡한 상황을 오래 견디지 못한다. 결국 가장 단순한 방식으로 정리되기를 원한다. 그 결과가 "중국은 믿을 수 없다"라는 문장이다. 이 문장은 편리하다. 설명이 필요 없고, 갈등을 외부로 밀어낼 수 있기 때문이다.

그러나 그렇게 밀어낸 감정은 사라지지 않는다. 오히려 더 큰 불안으로 돌아온다. 중국은 피하고 싶어도 피할 수 없는 이웃이 되었고, 미국 역시 언제나 같은 자리에 머물러 있을 것이라고 장담할 수 없다. 이 불확실성 속에서 한국 사회는 점점 더 감정적으로 굳어간다.

개인의 체험이 던지는 작은 균열

내가 중국에서 보낸 시간은, 이 단단한 구조에 아주 작은 균열을 냈을 뿐이다. 나는 중국이 단일한 얼굴을 가진 나라가 아니라는 것을 알게 되었고, 체제와 사람을 분리해서 바라볼 수 있게 되었다. 그러나 이 변화는 어디까지나 개인의 것이었다.

한국 사회로 돌아오면, 그 균열은 다시 메워진다. 뉴스의 언어, 온라인의 분위기, 일상의 농담 속에서 중국은 다시 하나의 이미지로 환원된다. 그 이미지에는 여백이 없고, 망설임도 없다. 판단은 빠르고, 감정은 즉각적이다.

그래서 나는 종종 망설인다. 내가 본 현실을 솔직하게 말해야 할지, 아니면 침묵해야 할지. 말하는 순간, 나는 '중국을 두둔하는 사람'이 되고, 침묵하는 순간, 나는 구조에 순응하는 사람이 된다. 이 망설임 자체가 지금 한국 사회가 처한 위치를 잘 보여 준다.

균형이라는 말의 무게

우리는 자주 '균형 외교'를 말한다. 그러나 균형은 감정 위에서는 성립하기 어렵다. 감정이 한쪽으로 기울어진 상태에서의 균형은, 결국 말에 그치기 쉽다. 진짜 균형은 감정의 방향을 자각하는 데서 시작된다.

미국을 신뢰하는 이유가 무엇인지, 중국을 불편해하는 감정이 어디서 왔는지를 솔직하게 들여다볼 필요가 있다. 그것이 중국을 좋아하자는 말

  한국에게 중국은 감정이다

도, 미국을 부정하자는 주장도 아니다. 다만 감정이 현실을 가리지 않도록, 감정의 출처를 확인하자는 제안이다.

　한국은 더 이상 과거의 선택만으로 현재를 버틸 수 있는 위치에 있지 않다. 기억은 여전히 중요하지만, 그 기억만으로 미래를 설계할 수는 없다. 미국이라는 축이 여전히 중요하듯, 중국이라는 현실도 외면할 수 없다.

다시, 질문의 자리로

　결국 여기에서 우리는 다시 질문으로 돌아온다.

　우리는 왜 미국을 쉽게 믿고, 중국을 쉽게 의심하는가.

　그 감정은 지금의 현실과 얼마나 어긋나 있는가.

　그리고 그 어긋남을, 우리는 어디까지 감당할 준비가 되어 있는가.

　미국이라는 제3의 축은 한국 사회의 안정을 지탱해 온 기둥이었지만, 동시에 시야를 제한하는 프레임이기도 했다. 그 프레임을 완전히 벗어날 수는 없을 것이다. 그러나 그 프레임의 존재를 인식하는 순간, 우리는 조금 더 자유롭게 세계를 바라볼 수 있다.

　이 책이 던지고 싶은 질문은 거창하지 않다. 다만 묻고 싶다.

　우리가 믿어 온 감정은, 지금의 세계를 이해하는 데 여전히 유효한가.

　아니면 이제, 조금은 다시 그려야 할 지도인가.

　그 질문 앞에서의 망설임 자체가, 변화의 시작일지도 모른다.

제4부

일상에서 체감되는 중국

― 조선족, 중국인, 그리고 미디어

1

조선족 문제는 왜 증폭되는가

영화가 먼저 만든 얼굴

조선족에 대한 한국 사회의 감정은 언제부터인가 '이해'가 아니라 '이미지'로 작동하기 시작했다. 우리는 어떤 집단을 직접 만나기 전에 이미 그들을 어떻게 느껴야 하는지를 알고 있다. 말투, 표정, 행동을 보기 전에 이미 결론이 내려져 있다. 이 감정의 출발점에는 실제 경험보다 훨씬 강력한 매개가 있었다. 바로 영화였다.

2010년 개봉한 영화 〈황해〉는 조선족을 한국 대중문화의 중심 무대로 끌어올린 첫 작품이었다. 이전까지 조선족은 뉴스의 사회면이나 통계 속에서 간헐적으로 등장하는 존재였지만, 이 영화 이후 그들은 하나의 '얼굴'을 갖게 된다. 이 '얼굴'은 복잡한 설명이나 맥락을 필요로 하지 않았다. 거칠고, 가난하며, 언제든 폭력으로 돌변할 수 있는 존재. 관객은 이 얼굴을 이해하지 않아도 되었고, 오히려 직관적으로 느끼도록 설계되었다.

〈황해〉는 약 157만 명의 관객을 동원했다. 숫자만 보면 초대형 흥행작은 아니었지만, 이 영화가 남긴 감정의 잔상은 그 어떤 천만 영화보다 오

한국에게 중국은 감정이다

래 지속되었다. 영화는 조선족 사회의 구조나 이주 노동의 현실을 설명하지 않는다. 대신 생존의 압박과 불법체류, 범죄와 살인을 숨 쉴 틈 없이 연결한다. 화면은 늘 어둡고, 인물들은 쫓기며, 폭력은 설명 없이 터진다.

주인공 구남은 조선족이라는 정체성 그 자체로 이미 위험한 위치에 놓인다. 그는 말이 통하고 외모가 비슷함에도 불구하고, 한국 사회 어디에도 속하지 못한다. 관객이 그에게 느끼는 감정은 연민과 공포가 동시에 섞인 불편함이다. 그러나 영화가 끝난 뒤 남는 것은 그의 사정이나 맥락이 아니라, 도끼와 칼, 피로 얼룩진 장면들이다.

이 영화가 강력했던 이유는 조선족을 악으로 단순화했기 때문이 아니다. 오히려 그 반대다. 영화는 그들을 인간적으로 묘사하려는 듯 보인다. 하지만 바로 그 지점에서 문제가 발생한다. 관객은 '이해하려 애쓰지 않아도 되는 인간'을 만난다. 설명은 최소화되고 감정은 최대화된다. 그 결과 조선족은 설명의 대상이 아니라 반응의 대상이 된다.

이후 조선족은 대중문화 속에서 하나의 장르적 기호로 작동하기 시작한다. 이 기호는 매우 효율적이다. 별도의 설정 없이도 긴장을 만들 수 있고, 관객은 즉각적인 불안을 느낀다. 누군가 조선족이라는 정보 하나만으로도 장면의 분위기는 완성된다. 이때 만들어진 이미지는 이후 반복 재생산되기에 최적의 형태를 갖는다.

현실이 이미지를 증명한 순간

2012년, 현실이 이미지를 따라잡는 결정적 사건이 발생한다. 오원춘 토막살인 사건이다. 이 사건은 범죄의 잔혹성 자체만으로도 한국 사회에 깊은 충격을 안겼다. 한국인 피해 여성을 끌고 가 성폭행을 시도하였으나 피해 여성이 강하게 저항하자 살해한 뒤, 범행을 감추기 위해 시신을 280점으로 토막 내어 훼손하고 여러 차례에 걸쳐 유기한 방식은 사람들의 상상력을 넘어서 버렸다. 그러나 이 사건이 남긴 가장 큰 흔적은 공포 그 자체가 아니라, 공포가 특정 집단과 결합되는 방식이었다.

사건 직후 언론의 시선은 범죄의 구조나 수사 과정보다 범인의 출신에 집요하게 머물렀다. 주요 일간지, 방송 뉴스, 포털의 실시간 검색어에는 '오원춘'과 '조선족'이 함께 반복 노출되었다. 범죄의 잔인함은 설명되었지만, 왜 그런 범죄가 가능했는지는 질문되지 않았다. 대신 출신이 설명을 대신했다.

이 순간 중요한 변화가 일어난다. 조선족은 더 이상 영화 속 인물이 아니라, 현실의 공포와 직접 연결된다. 관객이 아닌 시민으로서 느끼는 두려움이 스크린의 기억과 겹쳐진다. "영화에서 보던 일이 현실에서 일어났다"는 말이 자연스럽게 등장한다. 이 말 속에는 이미 결론이 들어 있다. 영화는 과장이 아니라 예고였다는 인식이다.

이때부터 오원춘은 개인의 이름이 아니라 상징이 된다. 그의 범죄는 개인의 일탈이 아니라 집단의 본질처럼 여겨진다. 언론은 그가 저지른 잔혹한 행위를 반복 재생산했고, 그 잔혹함은 '조선족'이라는 단어와 결합되었다. 범죄의 디테일이 강조될수록, 집단에 대한 공포도 함께 증폭된다.

중요한 것은 이 사건이 처음부터 그렇게 읽히도록 준비되어 있었다는 점이다. 만약 조선족에 대한 이미지가 사전에 형성되지 않았다면, 이 사건은 또 하나의 엽기적 범죄로 취급되었을 가능성이 크다. 그러나 이미

한국에게 중국은 감정이다

영화와 뉴스가 만들어 놓은 얼굴이 있었기에, 사건은 곧바로 집단의 증거로 전환된다.

이후 범죄영화는 이 이미지를 다시 장르적 쾌감으로 재포장한다. 2013년 〈신세계〉는 약 468만 명의 관객을 동원하며 흥행에 성공한다. 이 영화에서 조선족 캐릭터는 짧은 등장만으로도 위협을 완성하는 존재로 기능한다. 설명은 필요 없다. 관객은 이미 그 얼굴을 알고 있기 때문이다.

2017년 〈범죄도시〉는 이 흐름을 결정적으로 굳힌다. 약 688만 명의 관객을 동원한 이 영화에서 조선족 출신 범죄자 장첸은 잔혹함의 아이콘이 된다. 그의 폭력은 공포를 넘어 쾌감으로 번진다. 관객은 두려워하면서도 동시에 열광한다. 이때 혐오는 더 이상 불편한 감정이 아니라 흥행을 보장하는 장치가 된다.

이 모든 과정에서 순서는 늘 동일하다. 영화가 먼저 얼굴을 만들고, 현실의 사건이 그것을 증명하며, 다시 영화가 그 이미지를 강화한다. 이 순환 속에서 조선족은 점점 말할 수 없는 위치로 밀려난다. 통계로 자신을 설명해도 소용없고, 개인의 선함을 증명해도 집단의 얼굴은 바뀌지 않는다. 이미 하나의 이야기가 완성되었기 때문이다.

한국 사회는 이 이야기를 매우 편리하게 사용한다. 불안을 분석할 필요가 없고, 분노의 원인을 구조적으로 설명할 필요도 없다. 이미 준비된 얼굴이 있기 때문이다. 그 얼굴은 언제든 호출될 수 있고, 질문을 차단하는 기능을 한다.

여기에서 우리는 하나의 불편한 사실과 마주하게 된다. 혐오는 사건이 만들어 낸 것이 아니라, 사건을 기다리고 있던 감정이었다는 점이다. 영화는 그 감정을 먼저 만들어 냈고, 현실은 그 감정이 틀리지 않았다는 확신을 제공했다. 그리고 우리는 그 확신을 의심하지 않게 되었다.

공포는 어떻게 중국을 향하는가
─ 납치설 · 장기매매설 · 인육설이 만들어 낸 한국 사회의 불안

최근 한국 사회에서 중국인을 둘러싼 공포는 범죄 통계나 공식 발표보다 훨씬 빠르게 확산되고 있다. "중국인이 한국인을 납치해 장기를 판다", "무비자로 들어온 중국 범죄조직이 사람을 노린다", "인육을 판매한다는 이야기까지 있다"는 말들이 온라인과 일상 대화 속에서 반복된다. 이 이야기들 대부분은 확인되지 않았거나 과장된 루머에 가깝지만, 문제는 사실 여부와 무관하게 이미 많은 사람들에게 '충분히 그럴듯한 위협'으로 받아들여지고 있다는 점이다.

이 공포는 특정 사건 하나에서 출발하지 않는다. 오원춘 사건 이후 한국 사회에는 이미 '중국인 · 조선족 범죄'라는 프레임이 자리 잡았고, 그 위에 새로운 이야기들이 계속 덧붙여졌다. 실제 범죄 보도가 등장할 때마다 국적은 강조되고, 일부 자극적인 키워드는 반복된다. 여기에 중국 내부의 열악한 인권 문제, 불법 장기 이식에 대한 해외 보도, 음모론적 콘텐츠들이 결합되며 하나의 거대한 공포 스토리가 만들어졌다. 어쩌면 아직 밝혀지지 않았을 뿐, 실제로 그런 엄청난 일들이 지금도 암암리에 정말 일어나고 있을지도 모른다.

특히 '장기 매매'와 '납치'라는 단어는 한국인의 감정을 즉각적으로 자극한다. 이는 단순한 범죄가 아니라, 인간의 몸과 생명이 거래된다는 상상으로 이어지기 때문이다. 여기에 '인육 판매'와 같은 극단적인 이야기까지 더해지면, 중국은 더 이상 현실의 국가가 아니라 문명과 비문명의 경계선에 있는 위험한 공간으로 인식된다. 이러한 스토리에서 중국인은 개인이 아니라 잠재적 가해자이며, 일상에서 경계해야 할 존재가 된다.

무비자 관광 확대와 중국인 입국자 증가 역시 이 공포를 증폭시키는 요소로 작용하고 있는데, 통계적으로 범죄율이 급증했는지 여부와 상관없이, "중국인이 많아졌다"는 체감 자체가 곧 불안으로 연결된다. 특히 여성과 노약자, 청소년을 대상으로 한 납치설은 현실적 두려움을 건드린다. 밤길, 골목, 엘리베이터 같은 일상 공간이 갑자기 위험한 장소로 재해석된다.

이 과정에서 중국인과 조선족은 개별적 존재로 인식되지 않는다. 국적과 출신은 곧 위험의 신호로 작동하고, 일상적인 만남조차 경계의 대상이 된다. 이는 실제 범죄 예방과는 다른 차원의 문제다. 공포는 범죄를 줄이기보다, 사회적 거리와 적대감을 키운다.

결국 한국 사회에서 확산된 중국인 납치설·장기매매설·인육설은 중국 사회의 실상을 설명하기보다는, 한국 사회가 무엇을 두려워하고 있는지를 보여 준다. 불안정한 미래, 경제적 위기, 치안에 대한 불신, 그리고 통제할 수 없는 외부에 대한 공포가 중국이라는 대상에 투사된 것이다. 중국은 이 공포의 원인이기보다, 공포가 향하는 가장 편리한 방향이 되었다.

이 감정을 이해하지 못하면, 우리는 계속해서 사실이 아닌 이야기와 싸우게 된다. 그리고 그 싸움은 언제나 이성보다 감정이 이긴다.

이미지가 현실을 앞지르는 순간

앞에서 살펴본 조선족에 대한 인식 구조는 특정 집단에만 한정된 예외적인 현상이 아니다. 오히려 한국 사회가 '중국인'이라는 더 큰 범주를 인식하는 방식의 축소판에 가깝다. 조선족에게 먼저 작동했던 그 메커니즘은, 훨씬 빠르고 광범위한 속도로 중국인 전체를 향해 확장되고 있다.

이 확산의 과정은 매우 익숙하다. 정책이 먼저 존재했고, 그 정책은 몇 개의 사건과 결합되었으며, 언론은 그 사건을 반복적으로 특정 방식으로 전달했다. 그리고 대중은 그 장면을 기억했다. 통계나 맥락이 아니라, 장면을.

제주도의 중국인 무비자 입국 제도는 원래 관광 활성화를 위한 경제 정책이었다. 실제로 이 제도를 통해 제주 관광 산업은 일정 기간 활기를 띠었고, 숙박·유통·서비스 업종 전반에 실질적인 경제적 효과가 발생했다는 분석도 존재한다. 그러나 이 제도의 복합적인 성과와 한계는 거의 논의되지 않았다. 대신 대중의 기억 속에 남은 것은 다른 장면들이었다.

'중국인 무비자 입국 = 통제되지 않는 외국인의 유입'

이 단순한 등식은 몇 개의 사건을 통해 빠르게 굳어졌다. 제주도 거리에서 중국인이 공개적으로 배변을 했다는 보도, 경복궁 담벼락에 용변을 본 중국인 관광객의 행위가 사진과 함께 확산되었을 때, 사람들은 즉각적으로 분노했다. 이 분노 자체는 충분히 이해 가능하다. 공공질서를 해치는 행위였고, 비판받아 마땅했다.

그러나 여기서 중요한 것은 그 이후의 일이다.

언론 보도의 프레임은 거의 일관되었다. 개인의 몰지각한 행동은 곧바로 국적과 결합되었고, 그 국적은 다시 집단의 성격처럼 설명되었다. 기사 제목에는 굳이 필요하지 않은 '중국인'이라는 단어가 반복적으로 강조되었다. 그 결과 사람들은 이렇게 기억하게 된다.

중국인은 공공질서를 지키지 않는다.

중국인은 시끄럽다.

중국인은 더럽다.

중국인은 남에게 피해를 주는 것을 개의치 않는다.

이 인식은 경험의 축적에서 나온 것이 아니다. 대부분의 사람들은 실제로 수십, 수백 명의 중국인 관광객과 깊은 관계를 맺어 본 적이 없다. 그럼에도 감정은 매우 강하다. 이 괴리는 어디서 오는가.

바로 해석된 경험, 즉 뉴스와 콘텐츠가 제공한 이야기의 축적에서 비롯된다.

앞서 조선족의 경우와 마찬가지로, 몇 개의 자극적인 장면이 전체를 설명하는 방식으로 확장되었다. 통계는 거의 작동하지 않는다. 실제로 중국인 관광객이나 체류 외국인의 범죄율, 공공질서 위반 비율은 전체 방문객 수에 비해 극히 일부에 불과하다. 그러나 숫자는 장면을 이길 수 없다. 사람들은 숫자를 기억하지 않고, 사진과 영상, 자극적인 헤드라인을 기억한다.

그 결과 조선족과 중국인은 하나로 뭉개진다. 조선족은 한국어를 쓰고 외모도 비슷하지만 국적은 중국이다. 이 애매한 위치는 조선족을 '가장 눈에 띄는 중국인'으로 만든다. 중국에 대한 불쾌감과 불안은 추상적인 국가보다, 당장 눈앞에 있는 존재에게 먼저 투사된다.

그래서 조선족 문제는 단순한 이주민 문제가 아니다. 이것은 중국 혐오가 일상 속에서 구체적인 얼굴을 갖게 되는 지점이다. 조선족은 너무 가깝고, 너무 잘 보이며, 동시에 완전히 '우리'는 아니다. 이 조건은 혐오가 작동하기에 가장 효율적인 환경이다.

중요한 점은 다시 한번 이것이다

위에서 다룬 사건들 — 오원춘 사건이든, 제주도와 경복궁에서의 몰지각한 행위든 — 은 모두 개별적으로는 분명히 비판받아야 할 사건이다. 그 사실은 변하지 않는다. 문제는 그 다음 단계다.

그 사건이 개인의 일탈로 끝나지 않고, 출신과 국적을 통해 집단 전체의 성격으로 일반화되는 순간, 혐오는 감정이 아니라 구조가 된다.

이 구조 속에서 조선족과 중국인은 반박하기 어려운 위치에 놓인다. "모든 중국인이 그런 것은 아니다"라는 말은 언제나 공허하게 들린다. 왜냐하면 이미 사람들의 머릿속에는 반례보다 강력한 장면들이 자리 잡고 있기 때문이다. 혐오는 논리로 깨지지 않는다. 이야기로 만들어졌기 때문이다.

우리는 이 과정이 얼마나 익숙한지 이미 앞에서 확인했다.

〈황해〉가 이미지를 만들었고, 현실의 사건이 그 이미지를 확인시켰으며, 뉴스와 콘텐츠가 그것을 반복했다.

그리고 지금, 같은 일이 중국인 전체를 대상으로 벌어지고 있다.

이쯤에서 던지고 싶은 질문은 복잡하지 않다.

우리가 분노하는 것은 정말로 우리가 직접 겪은 수많은 경험의 총합인가.

아니면 몇 개의 강렬한 장면이 만들어 낸 하나의 이야기인가.

이 질문은 중국인이나 조선족을 위해 던지는 것이 아니라 우리 자신을 위해 필요하다.

왜냐하면 이미지가 현실을 앞지르는 사회에서, 다음 표적이 누구일지는 아무도 알 수 없기 때문이다.

2

나쁜 행동은 개인인가, 집단인가

한 사건이 모두의 얼굴이 되는 순간

우리는 흔히 이렇게 말한다.

"몇몇이 문제지, 다 그런 건 아니잖아."

이 문장은 틀리지 않다. 오히려 지나치게 정확하다. 어느 사회든, 어느 집단이든 문제를 일으키는 사람은 늘 소수다. 범죄 통계를 펼쳐 보아도 그렇고, 일상을 돌아보아도 마찬가지다. 대부분의 사람은 조용히 일하고, 가족을 부양하고, 규칙 안에서 하루를 살아간다. 특별히 주목받을 이유도, 기억될 이유도 없이 그렇게 살아간다.

그런데도 우리는 알고 있다. 이 문장이 현실에서 거의 힘을 갖지 못한다는 사실을.

뉴스를 통해 한 사건을 보고 나면, SNS에서 충격적인 영상 하나를 보고 나면, 우리는 너무도 자연스럽게 이런 말을 내뱉는다.

"역시 그렇다."

이 짧은 말 속에는 긴 시간이 압축되어 있다. '역시'라는 단어는, 지금 처음 판단하고 있다는 뜻이 아니다. 이미 마음속에 어떤 전제가 있었고, 그 전제가 다시 한번 확인되었다는 느낌이다. 그래서 이 말에는 놀라움보다 안도감이 섞여 있다. 새롭게 이해할 필요가 없다는 안도, 이미 알고 있던 이야기가 틀리지 않았다는 확신.

이 순간부터 판단의 대상은 더 이상 한 개인이 아니다. 그 개인이 속한 집단 전체가 된다. 한 사람이 저지른 행동은 집단의 성격을 설명하는 증거가 되고, 하나의 사건은 모두의 얼굴로 확장된다.

이 과정은 우리가 생각하는 것보다 훨씬 빠르고 자동적이다. 우리는 겉으로는 "개인의 일탈일 뿐이야"라고 말하면서도, 마음속에서는 이미 집단을 떠올린다. 그리고 그 집단은 점점 하나의 얼굴, 하나의 성격, 하나의 이야기로 단순화된다.

사람은 숫자로 세상을 이해하지 않는다. 사람은 이야기와 장면으로 세상을 기억한다.

수천 명이 아무 일 없이 하루를 살아가는 모습은 기억되지 않는다. 그러나 단 한 번의 극단적인 사건은 오래 남는다. 범죄율이 낮다는 통계보다, 뉴스에서 반복 재생되는 CCTV 영상 하나가 훨씬 강력하다. 보고서의 그래프보다, 자극적인 헤드라인이 훨씬 빠르게 감정을 움직인다.

이 사고방식은 비이성적이라기보다 인간적인 것이다. 사회심리학에서는 이를 '가용성 휴리스틱'이라고 부른다. 쉽게 떠오르는 정보, 강렬하게 각인된 장면이 전체를 대표한다고 착각하는 인지 방식이다. 인간의 뇌는 복잡한 세계를 일일이 분석하기보다, 빠르게 결론을 내리기 위해 이런 단순화를 택한다.

문제는 이 단순화가 언제나 공정하지 않다는 데 있다.

어떤 집단의 구성원이 저지른 범죄는 곧바로 집단의 본성처럼 해석된
다. 반면 다른 집단의 구성원이 같은 범죄를 저질렀을 때는 '개인의 문제'
로 처리된다. 사건은 같아도, 가해자가 누구인가에 따라 설명의 방향은
완전히 달라진다.

이 차이는 일상 곳곳에서 드러난다. 뉴스 기사 댓글을 읽어 보면, 범죄
의 구조나 사회적 원인보다 가해자의 출신, 국적, 정체성이 먼저 언급되는
경우가 적지 않다. 그리고 그 정체성은 곧 설명이 된다. "그래서 그랬구
나"라는 식의 이해가 뒤따른다.

그러나 이제는 더 이상 도덕의 문제가 아니다. '나쁜 행동은 개인의 문
제인가, 집단의 문제인가'라는 질문은, 사회가 어떻게 사고하고 판단하는
가에 대한 질문이 된다.

우리는 왜 어떤 집단에 대해서는 "그럴 수 있다"고 말하면서, 다른 집단
에 대해서는 "역시 그렇다"고 말하는가. 왜 어떤 사람의 행동은 맥락 속에
서 이해하려 들고, 다른 사람의 행동은 정체성 하나로 설명해 버리는가.

이 질문에 답하기 위해서는, 우리의 인식이 얼마나 미디어와 이야기 구
조에 의존하고 있는지를 먼저 들여다봐야 한다.

현대 사회에서 우리는 직접 경험보다 중개된 경험을 훨씬 더 많이 접한
다. 뉴스, 영화, 드라마, 유튜브 동영상, SNS, 커뮤니티 게시글. 이 모든 것
이 우리의 세계 인식을 구성한다. 그리고 이 간접 경험은 실제 경험보다
훨씬 선명하고, 훨씬 극단적인 경우가 많다.

현실의 일상은 대부분 밋밋하다. 큰 사건도 없고, 갈등도 크지 않다. 그
러나 미디어는 다르다. 미디어는 사건을 선택하고, 강조하고, 반복한다.
그 선택에는 언제나 기준이 있다. 자극적인가, 이야기로 만들 수 있는가,

    한국에게 중국은 감정이다

이미 존재하는 이미지와 잘 맞는가.

이 기준에 가장 잘 부합하는 것은 언제나 극단적인 사례다. 한 개인이 저지른 끔찍한 범죄는, 그 개인이 속한 집단 전체에 대한 이야기를 만들어 내기에 너무도 편리한 재료가 된다. 특히 그 집단이 이미 '낯설다', '잘 모른다', '우리와 다르다'는 인식을 갖고 있는 대상이라면 더욱 그렇다.

우리는 잘 아는 집단에 대해서는 예외를 허용한다. "그 사람만 이상한 거야"라고 말할 수 있다. 가족, 친구, 같은 지역 사람, 같은 국적의 사람에게는 맥락을 부여한다. 그러나 잘 모르는 집단에 대해서는 예외를 설정하기가 어렵다. 정보가 부족할수록, 하나의 사례가 전체를 대표한다.

이것이 조선족과 중국인, 이주민 집단이 구조적으로 불리한 위치에 놓이는 이유다. 그들은 숫자로는 한국 사회 곳곳에 존재하지만, 이야기로는 거의 등장하지 않는다. 등장하더라도 사건의 맥락에서만 등장한다. 평범한 삶의 모습은 뉴스가 되지 않는다.

그래서 우리는 '보통의 조선족', '평범한 중국인'을 떠올리기 어렵다. 머릿속에 남아 있는 것은 이미 반복적으로 접해 왔던 이미지들이다. 범죄자, 소란스러운 관광객, 무례한 행동의 주인공. 이 이미지들은 반복될수록 더 자연스러워진다. 설명이 필요 없는 전제가 된다.

그 결과, 다시 "몇몇이 문제지, 다 그런 건 아니다"라는 처음의 문장으로 돌아온다.

이 문장은 여전히 맞다. 그러나 너무 늦게 등장한다. 이미 감정이 형성된 뒤에, 이미 판단이 내려진 뒤에 덧붙여지는 말이 된다. 그래서 힘을 잃는다. 논리는 감정을 되돌리기 어렵다.

여기서 중요한 것은 개인의 도덕성이나 누군가의 '의식 수준'이 아니다.

이 문제를 '차별적인 사람 대 깨어 있는 사람'의 구도로 나누는 순간, 우리는 아무것도 이해하지 못하게 된다. 문제는 훨씬 구조적이고, 훨씬 일상적이다.

우리는 모두 이 메커니즘 안에 있다. 우리는 모두 장면으로 판단하고, 이야기로 기억한다. 그리고 이 구조는 특정 집단에 대한 혐오에서만 작동하지 않는다. 사회가 불안을 느낄 때, 설명하기 어려운 감정을 어디엔가 투사해야 할 때, 이 메커니즘은 언제든 다시 작동한다. 어제는 조선족이었고, 오늘은 중국인일 수 있으며, 내일은 또 다른 누군가일 수 있다.

그래서 이 책에서 던지는 질문은 단순히 "차별은 나쁘다"는 선언으로 끝나지 않는다. 오히려 더 불편한 질문에 가깝다.

우리는 정말로 개인을 보고 판단하고 있는가. 아니면 이미 만들어진 집단의 얼굴을 보고 있는가.

그리고 그 얼굴은 누가, 어떤 이야기로, 어떤 장면으로 만들어 냈는가.

이 질문에 답하지 않는 한, "나쁜 행동은 개인의 문제다"라는 말은 계속해서 옳지만, 계속해서 무력할 것이다.

세계는 같은 방식으로 혐오를 학습한다

이 구조는 한국 사회만의 특이한 병리 현상이 아니다.

국경을 넘어, 언어와 문화가 달라져도 놀라울 만큼 비슷한 방식으로 반복되어 온 인간 사회의 오래된 습관이다. 집단은 언제나 이야기로 이해되었고, 그 이야기 속에서 누군가는 쉽게 '문제의 얼굴'이 되었다.

2001년 9월 11일의 아침을 떠올려 보자.

비행기가 뉴욕의 하늘을 가르며 빌딩에 충돌했고, 세계는 생중계로 그 장면을 지켜보았다. 무너지는 건물, 연기, 혼란, 절규. 그날의 이미지는 단순한 사건을 넘어 하나의 상징이 되었다. 가해자는 알카에다라는 극단주의 조직에 속한 몇 명의 테러리스트였다. 숫자로 보면 극소수였다. 그러나 그 숫자는 거의 의미를 갖지 못했다.

그날 이후, '무슬림'이라는 단어는 서서히 다른 의미를 덧입기 시작했다. 종교의 이름이었던 단어는, 의심과 경계의 언어가 되었고, 때로는 공포의 대체어가 되었다. 히잡을 쓴 여성들이 거리에서 욕설을 들었고, 공항에서는 이름과 외모만으로 추가 검사를 받는 일이 일상이 되었다. "그들도 다 위험한 것 아니냐"는 말이 공공연히 오갔다.

테러를 저지른 것은 극단적인 소수였지만, 책임은 집단 전체로 확장되었다. 이 확장은 분노라기보다 공포에 가까웠다.

사람은 공포 앞에서 복잡한 설명을 견디지 못한다.

"대부분의 무슬림은 평범한 시민이다"라는 문장은 너무 길고, 너무 차분했다. 무너진 빌딩의 잔해와 희생자의 숫자 앞에서, 그런 문장은 쉽게 밀려났다. 대신 훨씬 짧고 단순한 문장이 힘을 얻었다.

"저 사람들은 위험하다."

이 문장은 사실이라기보다 감정이었다. 그러나 감정은 언제나 사실보다 빠르고, 넓게 퍼진다. 그리고 한 번 퍼진 감정은 스스로를 증명하려 든다. 의심은 더 많은 장면을 찾고, 장면은 다시 의심을 강화한다.

2015년 독일 쾰른의 새해 전야도 마찬가지다. 축제와 기대가 뒤섞인 광장에서 집단 성추행 사건이 발생했고, 피해자들의 증언은 사회를 충격에

빠뜨렸다. 며칠 뒤 언론은 가해자 중 일부가 북아프리카·중동 출신 이민자였다는 사실을 집중적으로 보도했다. 수사는 진행 중이었고, 전체 규모도 불분명했지만, 이야기는 빠르게 완성되었다.

"난민이 문제다."

"이민자들이 우리 문화를 파괴하고 있다."

그 이전까지 난민은 전쟁과 박해를 피해 온 보호의 대상이었다. 그러나 단 하나의 사건 이후, 그 이미지는 급격히 바뀌었다. 난민은 잠재적 범죄자가 되었고, 관리해야 할 위험 요소로 재정의되었다. 수백만 명의 얼굴이 단 하룻밤 사이에 바뀐 셈이었다.

이 과정에서 중요한 것은 사건의 잔혹성만이 아니다.

더 중요한 것은, 그 사건이 해석되고 보도되는 방식이다.

언론은 출신을 강조했고, 정치인은 질서를 말했으며, 대중은 확신을 얻었다. 그 확신은 통계에서 오지 않았다. 대부분의 난민이 범죄와 무관하다는 데이터는 그때도 존재했다. 그러나 사람들의 기억 속에 남지 않았다. 남은 것은 장면이었다. 밤, 광장, 울고 있는 피해자, 그리고 '외국인'이라는 단어.

한국 사회로 시선을 돌리면, 이 장면들은 전혀 낯설지 않다.

제주도의 중국인 무비자 입국 제도를 통해 실제로 제주 경제는 일정 기간 활력을 얻었다. 숙박업, 음식점, 소매업 전반에 분명한 효과가 있었다. 그러나 정책의 복합적인 성과와 한계는 거의 이야기되지 않았다.

대신 몇몇 장면이 선택되었다.

길거리에서 배변을 했다는 보도,

경복궁 담벼락에 용변을 본 중국인 관광객의 사진,

     한국에게 중국은 감정이다

공공장소에서 무질서를 보이는 짧은 영상들.

이 뉴스들은 강렬했다. 그래서 빠르게 퍼졌고, 오래 남았다. 각각의 사건은 분명 개인의 몰지각한 행동이었고, 비판받아 마땅했다. 문제는 그 다음이었다. 기사 제목은 반복해서 국적을 강조했고, 개인은 사라지고 '중국인'이라는 범주만 남았다.

사람들은 이렇게 말하기 시작했다.

"또 중국인이다."

"중국인은 원래 그렇다."

이 말은 더 이상 분노가 아니다. 습관이며, 확신이다. 확신이 생기면 질문은 사라진다. 반대되는 정보는 불편해지고, 무시된다. 그래서 조용히 일하고, 규칙을 지키며 살아가는 수많은 중국인과 조선족의 일상은 보이지 않게 된다. 아니, 보지 않게 된다.

보이지 않는 것은 곧 존재하지 않는 것처럼 취급된다. 이것이 사람이 한 번 만든 인식을 스스로 강화해 가는 방식이다.

미국에서 무슬림이 그랬고, 유럽에서 난민이 그랬으며, 한국에서는 조선족과 중국인이 지금 그 자리에 서 있다.

국가와 문화는 달라도 구조는 놀라울 정도로 닮아 있다. 강렬한 사건 하나, 반복되는 미디어 노출, 집단 전체로의 일반화.

이 세 단계가 완성되는 순간, 혐오는 더 이상 감정이 아니다. 상식이 된다.

여기서 다시 강조해야 할 것은, 범죄를 옹호하자는 이야기가 아니라는 점이다. 범죄는 반드시 비판받아야 한다. 몰지각한 행동은 분명히 지적되어야 한다. 문제는 그 비판이 어디에서 멈추느냐다.

한 사람의 행동을 모두의 본질로 바꾸는 순간, 우리는 문제를 해결하는 것이 아니라 가장 쉬운 결론으로 도망치고 있는 셈이다. 집단 전체를 하나의 성격으로 규정하면, 구조도 맥락도 필요 없어지며, 남는 것은 거리두기와 배제뿐이다.

그리고 아이러니하게도, 이런 방식은 문제를 줄이지 않는다. 오히려 고립을 심화시키고, 오해를 키우며, 긴장을 축적한다. 그 결과 또 다른 사건이 발생하고, 우리는 다시 "역시 그렇다"고 말한다.

이 악순환은 소수의 악의적인 사람들만으로 만들어지지 않는다. 대부분은 평범한 사람들이, 이해하려 하지 않는 쪽을 선택하면서 유지된다.

그래서 우리가 경계해야 할 것은 특정 집단이 아니다.

한 사람의 행동을 집단의 얼굴로 바꿔 버리는, 너무도 익숙한 우리의 사고 습관이다.

혐오는 어떻게 말이 되고, 언어가 되는가

혐오는 어느 날 갑자기 폭발하지 않는다.

그것은 서서히, 아주 일상적인 말투를 빌려 스며든다. 처음에는 분노도, 적의도 아니다. 그저 "느낌"이고, "경험담"이고, "조심하자는 말"처럼 등장한다. 그래서 더 위험하다.

"나는 차별하려는 건 아닌데…."

"팩트만 말하는 거야."

"솔직히 좀 무섭잖아."

이 문장들은 스스로를 방어하는 언어다. 말하는 사람은 자신을 합리적

        한국에게 중국은 감정이다

인 관찰자로 위치시키고, 상대를 감정적인 문제 제기로 밀어낸다. 이 순간, 혐오는 이미 도덕의 영역을 벗어나 '현실 인식'의 영역으로 위장한다. 그리고 이 위장은 매우 성공적이다.

온라인 공간은 이 과정을 가속한다.

댓글, 커뮤니티, 짧은 영상 플랫폼에서 말은 빠르게 확산되고, 더 빠르게 증폭된다. 맥락은 사라지고, 문장은 짧아지며, 감정은 선명해진다. 긴 설명은 환영받지 못한다. 대신 직관적인 분노와 단정적인 결론이 추천을 받고, 공유된다.

"통계 보니까 그렇더라."

"내 주변에도 그런 사람 있었어."

"이건 혐오가 아니라 자기방어야."

이 말들이 반복될수록, 특정 집단에 대한 부정적 인식은 '의견'이 아니라 '상식'처럼 굳어진다. 상식이 되면 반박은 무례가 되고, 질문은 눈치 없는 행동이 된다. 그렇게 혐오는 토론의 대상이 아니라 전제가 된다.

여기에서 중요한 변화가 일어난다.

혐오는 더 이상 개인의 감정이 아니라, 집단이 공유하는 언어가 된다.

정치적 언어는 이 언어를 매우 능숙하게 활용한다. 직접적으로 특정 집단을 공격하지 않아도 된다. 그저 '질서', '안전', '관리' 같은 단어를 반복하면 충분하다. "우리 사회가 감당할 수 있는 수준을 넘었다", "국민의 불안을 더 이상 방치할 수 없다"는 표현은 누구도 노골적인 차별로 느끼지 않는다. 그러나 그 말이 가리키는 대상은 언제나 분명하다.

이때 '문제'는 개인의 행동이 아니라, 집단의 존재 자체가 된다.

"저 사람들이 많아져서 문제다."

"문화가 달라서 어쩔 수 없다."

"원래 그런 성향이 있다."

이 문장들은 논증이 아니라 선언이다. 설명하지 않기 때문에 더 단단해진다. 반박하려면 복잡한 설명이 필요하지만, 선언은 한 문장으로 끝난다. 그래서 언제나 선언이 이긴다.

온라인 공간에서는 이 선언들이 서로를 강화한다. 비슷한 생각을 가진 사람들이 모이고, 서로의 경험담을 확인하며 확신을 키운다. 알고리즘은 이를 더욱 밀어준다. 분노와 공포는 체류 시간을 늘리고, 클릭을 부른다. 혐오는 수익성이 높은 감정이다.

이 과정에서 가장 먼저 사라지는 것은 '개인'이다.

이름도, 얼굴도, 사연도 지워진다. 남게 되는 것은 집단명과 몇 개의 속성뿐이다. 그리고 그 속성은 점점 더 단순해진다. 위험하다, 시끄럽다, 무질서하다, 믿을 수 없다. 이런 단어들은 설명이 필요 없다. 이미 모두가 안다고 믿기 때문이다.

이렇게 만들어진 언어는 다시 현실을 바꾼다.

정책이 되고, 규제가 되고, 배제의 근거가 된다. "특정 집단을 겨냥한 건 아니다"라는 말이 덧붙여지지만, 실제로 영향을 받는 대상은 언제나 같다. 혐오는 그렇게 제도 속으로 스며든다.

그리고 이때, 다시 처음의 질문으로 돌아오게 된다.

나쁜 행동은 개인의 문제인가, 집단의 문제인가.

언어가 이 지점까지 오면, 이 문제는 더 이상 공정하게 보여지지 않는다. 답은 이미 정해져 있다. 개인의 행동은 집단의 증거가 되고, 집단은 관리와 통제의 대상이 된다. 여기서 벗어나려는 개인의 목소리는 "예외"로

한국에게 중국은 감정이다

처리된다. 예외는 구조를 흔들지 못한다.

이 구조가 무서운 이유는, 그것이 언제든 방향을 바꿀 수 있기 때문이다. 오늘은 조선족이고, 오늘은 중국인이지만, 내일은 다른 누군가일 수 있다. 사회가 불안을 느끼는 순간, 책임을 떠넘길 얼굴이 필요해질 때, 이 언어는 다시 작동한다.

그래서 혐오는 늘 "저쪽 문제"로 남지 않는다.

그것은 언제든 우리 사회의 언어가 될 수 있고, 우리 자신의 말투가 될 수 있다.

개인으로 판단한다는 것의 무게

그렇다면, 우리는 어디에 서야 할까.

혐오가 언어가 되고, 상식이 되고, 제도가 되는 이 흐름 앞에서 "개인으로 봐야 한다"는 말은 너무 약해 보인다. 현실을 바꾸기에는 순진한 도덕적 선언처럼 느껴지기도 한다. 그래서 사람들은 말한다. "원칙은 그렇지만, 현실은 다르다"고. 이 문장은 늘 합리적으로 들린다. 그러나 그 순간, 우리는 이미 한발 물러서 있다.

개인으로 판단한다는 것은 생각보다 훨씬 어려운 일이다. 그것은 단지 마음을 착하게 먹는 문제가 아니라, 오히려 본능과 싸우는 일에 가깝다. 우리는 장면으로 사고하고, 이야기로 세계를 이해하도록 진화해 왔다. 낯선 집단에 대해 단 하나의 사건으로 전체를 판단하는 것은 인간에게 너무 자연스러운 선택이다. 그래서 개인으로 판단하려면, 의식적인 노력이 필요하다. 멈추고, 다시 생각하고, 질문해야 한다.

"이 사건은 왜 이렇게 보도되었을까."

"이 사람의 행동이, 정말 그 집단 전체를 설명할 수 있을까."

"내가 떠올리는 이미지는 어디서 왔을까."

이 질문들은 즉각적인 해소를 주지 않는다. 오히려 불편함을 남긴다. 분노처럼 시원하지 않고, 혐오처럼 단순하지 않다. 그래서 우리는 자주 이 질문들을 피한다. 피로한 하루 끝에, 복잡한 설명보다는 단정적인 결론이 더 편하기 때문이다.

하지만 개인으로 판단한다는 것은, 바로 이 불편함을 감수하는 일이다. 확신 대신 망설임을 선택하는 것, 빠른 결론 대신 느린 이해를 택하는 것이다.

여기서 강조하고 싶은 것은, 개인을 본다는 말이 범죄를 눈감아주자는 뜻이 아니라는 점이다. 나쁜 행동은 당연히 비판받아야 한다. 피해는 반드시 보호받아야 하고, 책임은 분명히 물어야 한다. 문제는 그 책임이 어디에서 멈추느냐다. 개인의 행동이 집단 전체의 본질로 확장되는 순간, 정의는 작동을 멈춘다.

집단 전체를 의심하는 사회에서는, 개인은 끊임없이 증명해야 하는 존재가 된다.

"나는 다르다"는 것을, "나는 위험하지 않다"는 것을, "나는 평범하다"는 것을. 그러나 이런 증명은 끝이 없다. 이미 만들어진 얼굴 앞에서, 개인의 말은 늘 부족하다. 결국 침묵하거나, 숨거나, 스스로를 분리시키는 선택만 남는다.

이제 사회는 또 다른 비용을 치른다.

　　　　　　　　　　　　　한국에게 중국은 감정이다

고립은 불신을 낳고, 불신은 다시 사건을 만든다. 사건은 혐오를 강화하고, 혐오는 더 강한 배제를 정당화한다. 이렇게 원은 닫힌다. 그리고 우리는 그 안에서 "역시 그럴 줄 알았다"고 말한다.

이 악순환을 끊는 유일한 지점은, 생각보다 작다. 거대한 제도 변화 이전에, 언어의 선택이 있다. 우리가 어떤 말을 쓰는가, 어떤 표현을 아무렇지 않게 반복하는가. "원래 그렇다", "다 비슷하다", "어쩔 수 없다"는 말은 너무 쉽게 집단을 완성시킨다. 그 말 한마디로, 개인은 사라진다.

반대로, 개인으로 판단하려는 태도는 늘 더 많은 말을 요구한다. 설명해야 하고, 구분해야 하고, 맥락을 붙여야 한다. 그래서 번거롭다. 그러나 그 번거로움이야말로 사회가 무너지는 속도를 늦추는 유일한 장치다.

그럼 다시 처음으로 돌아가서 "몇몇이 문제지, 다 그런 건 아니잖아."라는 말을 다시 한번 보도록 하자.

이 문장은 여전히 맞다. 그러나 이제 우리는 이 말이 왜 자주 무력해지는지도 안다. 그것이 너무 늦게, 너무 쉽게 사용되기 때문이다. 이 문장이 힘을 가지려면, 사건 뒤에 덧붙여지는 면피용 문장이 아니라, 판단의 출발점이 되어야 한다.

우리는 정말로 개인을 보고 있는가. 아니면 이미 만들어진 집단의 얼굴을 다시 확인하고 있는가.

이 질문에 정답은 없다. 다만 선택은 있다.

확신의 편안함을 택할 것인가, 망설임의 불편함을 견딜 것인가.

집단의 이야기를 반복할 것인가, 개인의 목소리를 들으려 애쓸 것인가.

개인으로 판단한다는 것은, 세상을 더 쉽게 이해하겠다는 욕망을 내려놓는 일이다. 대신 조금 더 느리게, 조금 더 불완전하게 이해하겠다는 선택이다. 그 선택은 언제나 번거롭고, 때로는 외로워 보인다.

　그러나 그 느림과 망설임이 사라지는 순간, 우리는 아주 쉽게 누군가를 하나의 얼굴로 만들 수 있는 사회에 도착하게 된다.

　그리고 그 얼굴은, 언젠가 우리의 얼굴이 될지도 모른다.

한국에게 중국은 감정이다

3

인터넷과 혐오의 가속기

질문이 사라진 자리에서 혐오는 자란다

"중국이 중국했네."

이 문장은 설명이 없다. 설명이 없다는 사실조차 눈에 띄지 않을 만큼, 우리는 이 말에 익숙해져 있다. 문장이라기보다는 반응에 가깝고, 생각이라기보다는 감정의 자동 완성처럼 느껴진다. 누군가의 행동을 보았을 때, 어떤 사건의 제목을 읽었을 때, 혹은 짧은 영상 하나를 넘기다가 이 말이 입 밖으로 나오면, 그 순간 사고는 멈춘다. 더 이상 묻지 않아도 된다는 신호가 켜진다.

이 표현이 가진 힘은 공격성에 있지 않다. 오히려 그 반대다. 너무도 가볍고, 너무도 자연스럽게 쓰이기 때문에 의심되지 않는다. "중국이 중국했네"라는 말 속에는 분노, 조롱, 체념, 피로감 같은 여러 감정이 섞여 있지만, 그 모든 것을 관통하는 핵심은 하나다. 생각할 필요가 없다는 안도감이다.

이 말은 사건을 설명하지 않는다. 대신 사건을 정리해 버린다.

맥락이 무엇이든, 규모가 어떻든, 사실 여부가 확인되었든 아니든 상관 없이, 이 한 문장은 모든 복잡함을 제거한다. 그리고 그 자리에 이미 준비된 결론을 내려놓는다. "저들은 원래 그렇다."

여기서 중요한 것은 '틀렸다'는 지적이 아니라, 이 문장이 작동하는 방식이다. 이 말이 등장하는 순간, 우리는 더 이상 세계를 이해하려 하지 않는다. 이해는 느리고, 불편하며, 종종 우리의 확신을 흔들기 때문이다. 대신 우리는 요약을 선택한다. 그리고 그 요약이 바로 이 문장이다.

질문을 밀어내는 속도의 세계

인터넷 이전에도 편견은 존재했다. 그러나 그때의 편견은 지금처럼 빠르게 확산되지는 않았다. 누군가의 경험담은 제한된 공간에서 공유되었고, 신문 기사나 방송 뉴스는 일정한 편집 과정을 거쳤다. 전달에는 시간이 걸렸고, 그 시간만큼 생각의 여백도 존재했다. 질문은 그 틈에서 살아남을 수 있었다.

인터넷, 특히 숏폼(short-form) 영상과 알고리즘 기반 플랫폼은 사고의 속도를 감정의 속도로 끌어올린다. 몇 초 안에 자극을 받고, 몇 초 안에 판단이 내려진다. 우리는 무언가를 이해하기도 전에 이미 분노하고, 조롱하고, 공유한다. 이 과정에서 질문은 늘 늦다. 질문은 멈추게 하지만, 알고리즘은 멈춤을 허락하지 않는다.

"왜 저런 행동을 했을까?"

"이 영상은 어떤 상황에서 찍혔을까?"

한국에게 중국은 감정이다

"이 장면이 정말 전체를 대표할 수 있을까?"

이런 질문들은 너무 길고, 너무 느리다. 그리고 무엇보다 불편하다. 질문은 우리가 이미 갖고 있는 이미지와 충돌할 수 있기 때문이다. 그래서 우리는 질문 대신 확인을 선택한다. 이미 믿고 있던 생각이 맞다는 확인, 이미 불편했던 감정이 정당했다는 확인.

이때 등장하는 것이 바로 "중국이 중국했네"라는 말이다.

이 말은 질문을 대신해 주는 문장이다. 더 정확히 말하면, 질문을 필요 없게 만들어 주는 문장이다.

알고리즘은 감정을 기억한다

인터넷 알고리즘은 우리의 '생각'을 기억하지 않는다. 알고리즘이 기억하는 것은 반응이다. 우리가 오래 머문 영상, 강하게 분노한 게시물, 댓글을 달거나 공유한 콘텐츠. 특히 분노와 조롱은 가장 강력한 신호다. 그래서 알고리즘은 비슷한 콘텐츠를 계속 보여 준다. 우리는 점점 같은 장면, 같은 이야기, 같은 감정을 반복해서 접한다.

이 반복은 착각을 낳는다.

"이렇게 많이 보이는데, 이게 현실이 아니겠어?"

그러나 우리가 보고 있는 것은 현실 전체가 아니며, 현실 중에서도 특정 감정을 가장 잘 자극하는 장면만을 선별한 연속이다. 그럼에도 불구하고, 반복된 장면은 기억이 되고, 기억은 인식이 되며, 인식은 곧 상식처럼 굳어진다.

이제 '중국'은 더 이상 하나의 복잡한 사회가 아니다. 수많은 지역, 계층, 세대, 가치관을 가진 개인들의 집합이 아니라, 몇 개의 장면과 몇 개의 행동으로 축소된 이미지가 된다. 그 이미지는 설명되지 않는다. 설명이 필요 없기 때문이다. 이미 다 안다는 느낌을 주기 때문이다.

그래서 우리는 어느 순간부터 이렇게 말하게 된다.

"설명할 것도 없잖아."

이 말이 나오는 순간, 사고는 완전히 멈춘다.

생각하지 않아도 되는 세계의 유혹

"중국이 중국했네"라는 말이 편리한 이유는, 이 말이 우리에게 아무것도 요구하지 않기 때문이다. 분석도, 공부도, 맥락 이해도 필요 없다. 이 말은 우리의 분노를 정리해 주고, 불안을 외부로 밀어낸다. 그리고 그 불안을 향할 방향까지 미리 지정해 준다.

이 편리함은 중독성이 있다. 세상은 점점 복잡해지고, 설명하기 어려운 문제는 늘어난다. 경제적 불안, 외교적 긴장, 문화적 충돌, 미래에 대한 막연한 두려움. 이런 감정 앞에서 우리는 쉬운 설명을 원한다. 그리고 집단 전체를 하나의 성격으로 묶는 설명은 언제나 가장 쉽다.

이때 중요한 것은, 우리가 혐오를 '선택'하고 있다는 감각이 거의 없다는 점이다. 대부분의 사람은 스스로를 혐오하는 존재라고 생각하지 않는다. 오히려 상식적이고 현실적인 판단을 하고 있다고 느낀다. "다 경험에서 나온 거잖아." "뉴스 보면 다 그렇던데." 이런 말들이 자연스럽게 따라

한국에게 중국은 감정이다

온다.

그러나 그 '경험'의 상당 부분은 직접 겪은 것이 아니다. 우리는 중국 사회를 직접 경험한 시간이 얼마나 되는가. 수많은 중국인 개인과 깊이 대화해 본 적이 얼마나 되는가. 그럼에도 불구하고 감정은 확신에 가깝다. 이 괴리는 어디서 오는가.

바로 해석된 경험, 즉 미디어와 플랫폼이 제공한 이야기의 축적에서 온다.

질문을 멈추는 순간, 사고는 퇴화한다

문제는 특정 국가나 집단에 대한 인식 그 자체가 아니다. 더 근본적인 문제는, 우리가 스스로 질문하는 능력을 잃어 가고 있다는 점이다. 질문은 사고의 시작이다. 질문이 사라지면, 우리는 더 이상 세계를 이해하지 않는다. 세계를 분류하고, 구분하고, 배제할 뿐이다.

"중국이 중국했네"라는 말은 질문을 밀어내는 언어다. 이 말이 반복될수록, 우리는 점점 더 생각하지 않아도 되는 사람이 된다. 생각하지 않아도 되는 사회는 빠르게 결론에 도달하지만, 그 결론은 늘 거칠고 위험하다.

그리고 이 구조는 특정 대상에만 작동하지 않는다. 오늘은 중국일 수 있고, 내일은 또 다른 집단일 수 있다. 사회가 불안을 느낄 때마다, 책임을 외부로 돌릴 대상이 필요할 때마다, 이 메커니즘은 반복된다. 강렬한 장면 하나, 반복되는 노출, 집단 전체로의 일반화. 이 세 단계가 완성되면, 혐오는 감정이 아니라 상식이 된다.

그래서 우리는 멈춰 서야 한다. 우리 자신을 돌아보기 위해서다. 우리가 언제부터 이렇게 쉽게 요약하는 사람이 되었는지, 언제부터 질문보다 결론을 먼저 말하게 되었는지.

우리는 왜 점점 더 확신에 차게 말하는가

어느 순간부터 사람들은 말을 망설이지 않는다. 예전에는 "잘 모르겠지만", "확실하지는 않은데", "내가 다 겪어 본 건 아니지만" 같은 말들이 문장 앞에 붙었다. 지금은 그런 전제 없이도 단정이 먼저 나온다. 특히 인터넷 공간에서는 더욱 그렇다. 댓글 창, 커뮤니티 게시판, 짧은 영상 아래의 반응들 속에서 우리는 점점 더 확신에 찬 문장들을 마주한다.

"중국은 원래 그래."

"저쪽 문화는 이해할 필요가 없어."

"봐, 또 저렇잖아."

이 확신은 공부의 결과처럼 보이지만, 실제로는 반복의 결과다. 같은 방향의 정보, 같은 감정의 영상, 같은 어조의 댓글을 계속 접하다 보면, 우리는 그것을 '많이 본 것'과 '잘 아는 것'을 혼동하게 된다. 많이 본다는 것은 익숙해진다는 뜻이고, 익숙함은 곧 진실처럼 느껴진다.

이때 중요한 점은, 확신이 생길수록 우리는 더 이상 정보를 찾지 않는다는 사실이다. 이미 답을 알고 있다고 느끼기 때문이다. 인터넷은 원래 무한한 정보의 공간이지만, 확신을 가진 사람에게 인터넷은 오히려 닫힌 방이 된다. 알고리즘은 그 확신을 존중한다. 사용자가 좋아할 만한 것, 동의할 만한 것, 분노할 만한 것을 계속 보여 준다. 반대되는 정보는 점점 멀어

한국에게 중국은 감정이다

진다.

이렇게 만들어진 확신은 스스로를 강화한다.

"다들 이렇게 말하잖아."

"댓글만 봐도 알 수 있어."

다수의 목소리는 곧 옳음처럼 느껴진다. 그러나 그 다수는 실제 사회의 다수가 아닐 가능성이 크다. 그것은 알고리즘이 만들어 낸 다수, 감정이 비슷한 사람들이 모인 작은 연못 속의 다수일 수 있다. 그럼에도 불구하고, 그 연못 안에서는 의심이 설 자리가 없다.

분노는 왜 이렇게 오래 머무는가

인터넷에서 가장 오래 살아남는 감정은 슬픔도, 공감도 아니다. 분노다. 분노는 공유되고, 확산되고, 재생산되기에 가장 적합한 감정이다. 분노는 즉각적인 반응을 요구하고, 반응은 곧 트래픽이 된다. 플랫폼은 이구조를 잘 알고 있다.

짧은 영상 하나가 분노를 유발하면, 우리는 그것을 끝까지 본다. 댓글을 읽고, 공감하거나 반박하고, 다시 다른 영상을 본다. 이 과정에서 분노는 해소되지 않는다. 오히려 축적된다. 인터넷은 분노를 배출하는 공간처럼 보이지만, 실제로는 분노를 머물게 하는 공간에 가깝다.

특히 특정 집단을 향한 분노는 안전하다. 개인을 향한 분노는 언제든 반박을 받을 수 있고, 복잡한 맥락을 요구받는다. 그러나 집단을 향한 분노는 그렇지 않다. 집단은 추상적이기 때문에, 구체적인 반론을 제기하기 어렵다. "모든 중국인이 그런 건 아니다"라는 말은 언제나 힘이 약하다. 이미 형성된 감정의 무게를 이기지 못한다.

그래서 분노는 점점 더 대상화된다. 사람이 아니라 이미지로, 얼굴이 아니라 상징으로, 이야기가 아니라 기호로 각인된다. 이때 '중국인', '중국', '저쪽' 같은 단어는 매우 편리한 표적이 된다. 충분히 크고, 충분히 멀며, 동시에 뉴스와 일상에서 자주 등장하기 때문이다.

이 분노는 개인의 악의에서 시작되지 않는다. 대부분은 피로에서 출발한다. 반복되는 뉴스, 계속되는 갈등, 해결되지 않는 문제들. 사람들은 설명보다 출구를 원한다. 그리고 분노는 가장 쉬운 출구다. 누군가를 탓하면 잠시 마음이 정리된다. 문제의 원인을 외부로 돌리면, 나 자신의 불안은 잠시 가려진다.

혐오는 언제 상식이 되는가

혐오가 가장 위험해지는 순간은, 그것이 혐오로 인식되지 않을 때다. 노골적인 증오 표현은 여전히 경계의 대상이 된다. 하지만 "현실을 말하는 것뿐이야", "팩트잖아", "경험에서 나온 말이야"라는 표현 뒤에 숨어 있는 일반화는 쉽게 통과된다.

"중국이 중국했네"라는 말은 그래서 위험하다. 이 말은 공격처럼 들리지 않는다. 오히려 농담처럼, 체념처럼, 혹은 현실 인식처럼 들린다. 그렇기 때문에 더 많은 사람들이 부담 없이 사용한다. 이 표현을 쓰는 순간, 자신이 혐오를 말하고 있다는 자각은 거의 없다.

이렇게 혐오는 일상어가 된다. 일상어가 된 혐오는 더 이상 논쟁의 대상이 아니다. 설명할 필요도, 정당화할 필요도 없다. 그냥 '다 아는 사실'처럼 취급된다. 이 지점에 이르면, 혐오는 개인의 감정이 아니라 사회적 분위기가 된다.

분위기는 무섭다. 누군가 그것에 의문을 제기하면, 그 사람이 이상해 보이기 때문이다. "왜 그렇게 예민해?", "그 정도 말도 못 해?" 같은 반응이 돌아온다. 질문하는 쪽이 오히려 문제적 존재가 된다. 이렇게 질문은 점점 더 침묵하게 된다.

침묵은 동의처럼 보인다. 그리고 동의처럼 보이는 침묵은 다시 확신을 강화한다.

우리는 정말 직접 경험하고 있는가

이쯤에서 다시 물어야 한다. 우리가 갖고 있는 이 강한 감정은, 과연 얼마나 직접적인 경험에서 나온 것인가. 중국이라는 사회, 중국인이라는 개인들과의 실제 만남, 실제 관계, 실제 대화는 우리 인식의 몇 퍼센트를 차지하고 있는가.

대부분의 경우, 그 비중은 매우 낮다. 우리는 중국을 뉴스로 알고, 댓글로 알고, 영상으로 안다. 그것은 경험이 아니라 해석이다. 누군가가 선택하고 편집한 장면을 통해 구성된 간접 경험이다. 그 간접 경험은 실제보다 훨씬 극단적이고, 훨씬 자극적이다.

현실의 대부분은 평범하다. 법을 지키고, 일하고, 가족을 돌보고, 하루를 버텨 내는 사람들. 그러나 이런 모습은 콘텐츠가 되지 않는다. 알고리즘은 평범함을 확산시키지 않는다. 대신 예외적인 장면, 규칙을 벗어난 행동, 분노를 자극하는 사건만을 반복한다.

그 결과 우리는 착각한다. 예외가 전체라고, 장면이 본질이라고.

이 착각이 오래 지속되면, 그것은 더 이상 착각으로 느껴지지 않는다. 상식이 된다. 그리고 상식이 된 인식은 스스로를 점검하지 않는다. 이때부터 혐오는 더 깊이 뿌리내린다.

확신은 질문을 싫어한다

확신이 강해질수록, 질문은 위협이 된다. 질문은 확신을 흔들 수 있기 때문이다. "정말 그럴까?", "다른 설명은 없을까?" 같은 물음은 불편하다. 그래서 우리는 질문을 회피하거나, 질문하는 사람을 불편한 존재로 만든다.

인터넷 공간에서는 이 현상이 더욱 두드러진다. 집단적 확신이 형성된 공간에서 질문은 공격으로 오해받기 쉽다. "왜 중국 편을 드느냐", "왜 감싸 주느냐"는 반응이 돌아온다. 질문은 중립이 아니라 배신처럼 해석된다.

이때 중요한 것은, 질문이 곧 옹호를 의미하지 않는다는 사실이다. 질문은 이해를 위한 행위다. 그러나 혐오가 굳어진 공간에서는 이해 자체가 의심받는다. 이해하려는 태도는 나약함으로, 현실을 모르는 이상론으로 치부된다.

이렇게 사회는 점점 두 가지 언어만을 허용한다. 동의하거나, 침묵하거나.

이분법 속에서 사고는 얇아지고, 감정은 거칠어진다. 그리고 우리는 점

          한국에게 중국은 감정이다

점 더 단순한 말에 익숙해진다. "중국이 중국했네" 같은 문장은 이 단순화의 최종 결과다.

혐오는 결국 우리를 향하고, 습관이 될 때 사고는 멈춘다

이쯤에서 분명하게 짚고 넘어가야 할 점이 있다. 이 모든 논의는 중국이나 중국인을 평가하기 위한 것이 아니다. 이 논의의 핵심은 우리 자신이다. 우리가 어떤 방식으로 세계를 인식하고, 어떤 속도로 판단하며, 무엇을 잃어 가고 있는지에 대한 이야기다.

혐오는 언제나 외부를 향하는 것처럼 보이지만, 결국 내부를 잠식한다. 질문을 멈춘 사회는 문제를 해결하지 못한다. 이해를 포기한 사회는 갈등을 관리하지 못한다. 감정만 남은 공간에서는, 누가 다음 표적이 될지 아무도 장담할 수 없다.

오늘 우리가 너무 쉽게 사용하는 말들, 너무 가볍게 던지는 확신들 속에는, 우리가 스스로를 단순한 존재로 만들고 있다는 신호가 숨어 있다. 복잡한 세계를 감당하기를 포기하고, 짧은 결론에 몸을 맡기는 선택.

어느 순간부터 우리는 너무 많은 것을 너무 빠르게 판단한다.

그 판단은 대부분 틀리지 않을지도 모른다. 하지만 문제는 정확성보다 속도다. 판단이 빠를수록, 그 판단이 만들어진 과정을 돌아볼 여유는 사라진다. 그리고 그 과정이 보이지 않게 되는 순간, 사고는 점점 자동화된다.

인터넷에서 혐오는 이렇게 자동화된다. 처음에는 분노였다. 그다음에는 공감이었다. 그리고 어느 순간부터는 습관이 된다. 굳이 화를 내지 않아도, 굳이 설명하지 않아도, 그냥 "그럴 줄 알았다"는 말 한마디로 정리가 된다. 감정이 사라진 자리에 남는 것은 무심한 확신이다.

이 무심함이 가장 위험하다. 격렬한 혐오는 눈에 띄지만, 무심한 혐오는 배경이 된다. 배경이 된 인식은 더 이상 문제로 인식되지 않는다. 마치 공기처럼, 늘 그 자리에 있는 것처럼 받아들여진다.

"중국이 중국했네."라는 말은 분노의 언어가 아니다. 피로의 언어에 가깝다. 더 이상 놀라지 않겠다는 선언, 더 이상 생각하지 않겠다는 포기. 바로 그 지점에서 사고는 멈춘다.

우리는 종종 혐오를 '과한 감정'이라고 생각하지만, 실제로 혐오는 감정이 사라진 자리에서 더 단단해진다. 감정이 남아 있을 때는 흔들릴 가능성도 남아 있다. 그러나 습관이 되면 흔들리지 않는다. 그냥 그렇다고 믿게 된다.

인터넷은 왜 질문을 불편하게 만드는가

질문은 느리다. 질문은 망설임을 필요로 하고, 맥락을 요구하며, 답이 바로 나오지 않는 경우가 많다. 반면 인터넷은 빠르다. 특히 지금의 인터넷은 속도를 기준으로 설계되어 있다. 클릭, 스크롤, 좋아요, 공유. 이 모든 동작은 짧은 판단을 전제로 한다.

질문은 이 구조에 맞지 않는다. "왜일까?"라고 묻는 순간, 우리는 다음 콘텐츠로 넘어가지 못한다. 잠시 멈춰야 하고, 생각해야 한다. 플랫폼의 입장에서 질문은 비효율적이다. 질문하는 사용자는 체류 시간을 줄이고,

한국에게 중국은 감정이다

반응 속도를 늦춘다.

그래서 질문은 점점 밀려난다. 대신 확신이 환영받는다. 단정적인 말, 강한 표현, 적과 아군의 구분. 이런 언어는 쉽게 받아들여지고, 급속도로 확산된다. 알고리즘은 질문보다 확신을 좋아한다.

이 구조 속에서 우리는 스스로를 검열하게 된다. 복잡한 말을 하면 분위기를 깨는 사람이 될까 봐, 다른 가능성을 언급하면 눈치 없는 사람이 될까 봐, 질문을 던지면 '편을 드는 사람'으로 오해받을까 봐.

그래서 많은 사람들은 침묵을 선택한다. 왜냐하면 침묵은 안전하고 비난으로부터 자신을 보호할 수 있기 때문이다. 그러나 그 침묵이 쌓이면, 하나의 분위기가 된다. 그리고 그 분위기는 다시 확신을 강화한다.

질문이 사라진 사회의 풍경

질문이 사라진 사회에서는 설명이 필요 없다. 설명이 필요 없다는 것은, 이미 결론이 정해져 있다는 뜻이다. 결론이 정해진 사회에서는 새로운 정보가 들어올 자리가 없다. 모든 정보는 기존 결론을 보강하는 방향으로만 해석된다.

이때 발생하는 현상이 바로 '선별적 현실'이다. 보고 싶은 것만 보고, 믿고 싶은 것만 믿는다. 반대되는 사례는 예외로 처리되거나, 의도적으로 무시된다. "그런 사람도 있겠지, 하지만 대부분은 그렇잖아"라는 말로 정리된다.

문제는 이 '대부분'이 실제로 검증되지 않는다는 점이다. 대부분은 통계에서 나오지 않는다. 댓글에서 나온다. 영상 조회수에서 나온다. 체감에서 나온다. 그러나 체감은 언제나 편향되어 있다. 특히 인터넷에서는 더 그렇다.

이렇게 만들어진 현실 인식은 매우 단단하다. 누군가 다른 이야기를 꺼내면, 그 이야기는 사실 여부와 상관없이 불편한 소리로 취급된다. 질문은 토론의 시작이 아니라, 갈등의 씨앗이 된다.

그 결과 사회는 점점 단순해진다. 복잡한 문제는 단순한 원인으로 설명되고, 구조적인 문제는 특정 집단의 성격으로 환원된다. 이해는 줄어들고, 판단은 빨라진다.

우리는 솔직해질 필요가 있다. 혐오는 불편하기만 한 감정이 아니다. 혐오는 편리하다. 혐오는 세계를 단순하게 만들어 준다. 복잡한 설명을 하지 않아도 되고, 긴 생각을 하지 않아도 된다.

"저쪽은 원래 그렇다"고 말하면, 왜 그런 문제가 반복되는지 고민할 필요가 없다. 어떤 구조가 작동하는지 들여다볼 필요도 없다. 우리 사회가 어떤 책임을 지고 있는지도 묻지 않아도 된다.

혐오는 책임을 외부로 밀어낸다. 그래서 편하다.

그러나 이 편리함은 대가를 요구한다.

사고의 깊이를 포기하는 대가, 타인을 이해할 가능성을 포기하는 대가, 그리고 결국은 우리 자신을 더 단순한 존재로 만드는 대가다.

혐오에 익숙해진 사회는 문제를 해결하지 못한다. 문제를 규정하는 데서 멈춘다. 그리고 그 규정은 언제나 누군가를 배제하는 방식으로 작동한다.

한국에게 중국은 감정이다

질문은 약함이 아니라 용기다

나는 이 책에서 거창한 해답을 제시하고 싶지는 않다. 인터넷을 없앨 수도 없고, 알고리즘을 개인이 바꿀 수도 없다. 혐오를 완전히 제거하는 것도 불가능하다.

그러나 최소한 한 가지는 선택할 수 있다. 멈추는 것, 그리고 묻는 것.

짧은 영상 하나를 보고 분노가 올라올 때, 댓글을 읽고 확신이 생길 때, "중국이 중국했네"라는 말이 입 밖으로 나오려 할 때, 딱 한 번만 질문을 끼워 넣어 보는 것.

"이 모습이 전부일까?"

"이 행동이 전체를 설명할 수 있을까?"

"나는 직접 얼마나 알고 있을까?"

당연히 이 질문들이 곧바로 답을 주지는 않을 것이다. 그러나 질문은 사고를 되돌려 놓는다. 자동으로 굴러가던 판단의 톱니를 잠시 멈추게 한다. 그 멈춤 속에서 우리는 다시 인간적인 속도로 생각할 수 있게 된다.

인터넷에서는 질문이 약함처럼 보일 때가 많다. 확신 없는 태도, 단정하지 않은 말투, 조심스러운 표현은 '눈치 보는 것'으로 오해받기 쉽다. 그러나 실제로 질문은 가장 어려운 선택이다.

확신을 따르는 것은 쉽다. 분위기에 몸을 맡기는 것도 쉽다. 이미 준비된 말에 고개를 끄덕이는 것은 아무런 비용이 들지 않는다.

반면 질문은 비용이 든다. 불편함을 감수해야 하고, 오해를 받을 수도 있으며, 때로는 고립될 수도 있다. 그럼에도 불구하고 질문을 던지는 행위는, 우리가 아직 생각하는 존재임을 스스로에게 증명하는 일이다.

질문은 세상을 바꾸지 못할 수도 있다. 그러나 질문은 적어도 나 자신을 지켜 준다. 감정의 파도에 완전히 휩쓸리지 않게 해 주고, 누군가를 하나의 얼굴로 단순화하는 일을 멈추게 해 준다.

인터넷과 혐오는 서로를 가속시킨다. 빠른 콘텐츠는 빠른 판단을 낳고, 빠른 판단은 혐오를 키운다. 이 흐름 속에서 우리가 잃어 가는 것은 정보가 아니라 질문이다.

질문을 잃는 순간, 우리는 세상을 이해하는 대신 무비판적으로 수용하게 된다. 사람을 만나는 대신 이미지를 받아들이고, 현실을 해석하는 대신 감정을 반복한다.

그래서 지금 필요한 것은 더 많은 정보가 아니다. 더 정확한 통계도 아니다. 필요한 것은 질문을 던질 용기, 그리고 그 질문을 견딜 인내다.

"중국이 중국했네"라는 말이 너무 쉽게 나오기 시작했다면, 어쩌면 그 말이 가리키는 대상보다, 그 말을 아무 생각 없이 받아들이게 된 우리 자신을 먼저 돌아봐야 할지도 모른다.

질문은 세상을 복잡하게 만든다. 그러나 그 복잡함 속에서만, 우리는 다시 사람을 사람으로 볼 수 있다. 그리고 그것이 이 혐오의 가속기 앞에서, 우리가 선택할 수 있는 가장 인간적인 저항이다.

인접국 혐오는 보편적인가

—유럽과의 비교

1

유럽도 이웃을 싫어한다

이웃을 미워하는 감정은 예외가 아니다

국경은 지리적으로 가장 가깝지만, 감정적으로는 가장 멀어지기 쉬운 경계다.

유럽의 역사는 이를 반복해서 증명해 왔다. 인접국 간의 갈등은 단순한 외교 문제나 전쟁 기록이 아니라, 수백 년에 걸쳐 누적된 감정의 역사였다.

유럽의 국가들은 서로를 닮아 있다. 언어, 문화, 종교, 생활 방식까지 많은 부분을 공유한다. 그러나 바로 그 유사성은 경쟁과 비교, 열등감과 우월감으로 쉽게 전환되었다.

"우리는 저들과 다르다"는 선언은 종종 "우리는 저들보다 낫다"는 감정으로 이어졌다.

이웃을 향한 혐오는 그래서 낯선 타자에 대한 두려움보다, 가까운 경쟁자에 대한 불안에서 더 자주 발생했다. 유럽의 인접국 갈등은 이 점에서 매우 전형적이다.

영국과 프랑스: 가장 오래된 경쟁의 감정 구조

영국과 프랑스의 관계는 유럽 인접국 갈등의 가장 상징적인 사례다. 이 두 나라는 단순히 전쟁을 많이 치른 이웃이 아니라, 서로를 통해 자기 정체성을 형성해 온 국가였다.

백년전쟁은 그 출발점이었다. 1337년부터 1453년까지 이어진 이 전쟁은 단순한 왕위 계승 분쟁이 아니었다. 누가 정당한 통치자인가, 누가 이 땅의 주인인가를 둘러싼 정체성의 충돌이었다.

전쟁이 길어질수록 적대감은 일상 속으로 스며들었다. 프랑스 농민에게 영국인은 약탈자였고, 영국 병사에게 프랑스인은 언제든 공격할 수 있는 적이었다. 이 감정은 전투가 끝난 뒤에도 사라지지 않았다. 오히려 전쟁은 상대국을 '위험한 이웃'으로 각인시키는 집단 기억을 남겼다.

잔다르크는 이 기억을 상징하는 인물이다. 그녀는 단순한 군사적 영웅이 아니라, 프랑스 국민에게 "우리는 침략당한 존재이며, 저항할 권리가 있다"는 감정을 체화한 상징이었다. 이 상징은 수백 년 동안 프랑스인의 집단 감정 속에 남았다.

전쟁 이후에도 남은 경쟁의 감정

백년전쟁이 끝났다고 해서 영국과 프랑스의 감정이 회복된 것은 아니었다.

19세기에 들어 두 나라는 다시 경쟁의 국면에 들어섰다. 이번에는 왕위가 아니라 제국과 영향력을 둘러싼 싸움이었다.

나폴레옹 전쟁은 이 경쟁을 극적으로 보여 준다. 프랑스가 유럽 대륙을 장악하려 하자, 영국은 해상 패권을 앞세워 이를 저지했다. 두 나라는 전장에서 맞섰고, 동시에 서로를 가장 경계해야 할 경쟁자로 인식했다.

흥미로운 점은, 이 시기 두 나라가 때로는 동맹이 되기도 했다는 사실이다. 그러나 정치적 이해관계의 변화가 감정을 곧바로 바꾸지는 못했다. 외교는 협력으로 전환되었지만, 국민 감정 속의 경계심은 오래 남았다.

이 사례는 인접국 혐오가 단순히 현재의 정치 상황만으로 설명되지 않는다는 점을 보여 준다. 감정은 제도보다 느리게 움직인다.

프랑스와 독일: '영원한 적'이라는 기억의 형성

유럽에서 가장 강렬한 인접국 혐오의 기억은 프랑스와 독일 사이에서 형성되었다.

이 관계의 핵심에는 알자스-로렌이라는 지역이 있다.

1870년 프로이센-프랑스 전쟁에서 프랑스가 이 지역을 상실하면서, 갈등은 단순한 영토 문제를 넘어섰다. 알자스-로렌은 프랑스에게 빼앗긴 자존심이 되었고, 독일에게는 국가 통합의 상징이 되었다.

이 상반된 의미는 두 차례 세계대전을 거치며 더욱 증폭되었다. 전쟁은 단지 군인들만의 경험이 아니었다. 마을이 파괴되고, 가족이 흩어지고, 일상이 무너졌다. 이런 경험은 세대를 넘어 기억으로 전승되었다.

프랑스의 노인들이 "독일군이 우리 마을을 지나갔다"고 말할 때, 그 기

억은 역사적 사실이면서 동시에 감정의 증언이다. 이 감정은 정치적 주장
보다 훨씬 오래 살아남는다.

증오가 끝났을 때가 아니라, 관리되기 시작했을 때

중요한 사실은, 프랑스와 독일의 적대감이 자연스럽게 사라진 적은 없
다는 점이다. 변화는 감정이 사라졌기 때문에 일어난 것이 아니라, 감정
을 관리하려는 정치적·사회적 선택에서 시작되었다.

1963년의 프랑스-독일 우호조약은 화해의 선언이었지만, 동시에 현실
적인 합의였다. 과거를 지우지 않되, 그 과거가 다시 전쟁으로 이어지지
않도록 제도화한 것이다.

이 선택은 이후 유럽 통합의 핵심 토대가 되었다. 유럽연합은 이상적
인 평화 공동체라기보다, 증오가 다시 폭발하지 않도록 설계된 구조에
가깝다.

프랑스와 독일은 서로를 갑자기 이해하게 된 것이 아니었다. 여전히 상
처는 남아 있었고, 감정은 완전히 정리되지 않았다. 다만 중요한 차이는,
그 감정을 국가 운영과 외교의 전면에 두지 않기로 합의했다는 점이다.
감정은 존재하되, 판단의 기준이 되지 않도록 장치를 마련한 것이다.

그래서 그들은 '용서'를 먼저 말하지 않았다. 대신 공동의 이익, 상호 의
존, 반복적인 협력이라는 구체적인 틀을 먼저 설계했다. 석탄과 철강이라
는 전쟁의 핵심 자원을 함께 관리하고, 경제를 엮고, 제도를 공유하면서
감정이 폭주할 여지를 줄였다. 신뢰는 전제 조건이 아니라 결과였다. 관

계를 설계한 뒤에야, 감정은 조금씩 다른 형태로 변해 갔다.

이 사례가 보여 주는 것은, 역사적 적대감은 도덕적 선언만으로 사라지지 않는다는 것이다. "이제는 과거를 잊자"라는 말은 감정을 설득하지 못한다. 대신 감정이 다시 폭발하지 않도록 통제하고, 우회시키고, 흡수할 수 있는 구조가 필요하다. 유럽 통합은 화해의 감정에서 출발한 것이 아니라, 최악을 반복하지 않기 위한 두려움과 계산에서 출발했다.

여기에서 중요한 교훈이 하나 드러난다. 성숙한 사회란 감정이 없는 사회가 아니라, 감정을 다루는 방법을 알고 있는 사회다. 증오가 끝났을 때 변화가 시작되는 것이 아니라, 증오를 방치하지 않기로 결정했을 때 비로소 변화의 문이 열린다. 그리고 그 변화는 언제나 감정이 아니라, 설계와 선택의 문제로 나타난다.

인접국 혐오는 보편적이지만, 필연은 아니다

역사가 보여 주는 것은 분명하다.

이웃을 향한 혐오는 예외적인 감정이 아니라, 매우 보편적인 인간 반응이다. 그러나 동시에 그것이 반드시 파국으로 이어질 필요는 없다는 점 역시 역사 속에서 확인된다.

유럽은 증오를 없애는 데 성공한 것이 아니라, 증오와 함께 살아가는 방법을 배워 왔다. 기억을 지우지 않고, 감정을 부정하지 않으면서도, 그것이 사회를 지배하지 않도록 조율해 온 것이다.

유럽의 경험은 우리에게 중요한 질문을 던진다. 감정을 느끼는 것은 자

한국에게 중국은 감정이다

연스럽지만, 그 감정을 어떤 구조 안에 놓을 것인가는 선택의 문제라는 질문이다.

전쟁이 끝난 뒤에도 남는 것들

전쟁은 어느 순간 끝나지만, 감정은 그렇지 않다.

유럽의 인접국 갈등을 이해하기 위해 반드시 짚어야 할 지점은, 전쟁 이후의 시간이다. 총성이 멎고 조약이 체결된 뒤에도 사람들은 여전히 기억 속에서 싸운다.

유럽 각국의 도시에는 전쟁 기념관과 추모비가 남아 있다. 그것들은 단순한 역사적 기록이 아니라, 특정한 감정을 보존하는 장치다. 누가 희생자였는지, 누가 가해자였는지, 누가 지켜야 할 존재였는지가 그 공간 안에서 조용히 규정된다.

문제는 이 기억이 중립적이지 않다는 점이다.

기억은 선택되고 편집된다. 같은 전쟁이라도 국가마다 스토리가 다르고, 강조점도 다르다. 그 차이는 시간이 지날수록 '역사 해석'이 아니라 정서적 정체성으로 굳어진다.

문화 속에 저장된 혐오의 언어

유럽에서 인접국에 대한 감정은 정치 연설보다 문화 속에서 더 오래 살아남았다. 문학, 연극, 영화, 대중 드라마는 전쟁과 갈등을 반복해서 재현하며 감정을 일상화했다.

프랑스 문학에는 독일에 대한 경계와 긴장이 암묵적으로 배어 있는 작품들이 적지 않다. 직접적인 적대 표현이 사라진 이후에도, 독일인은 종종 차갑고 규율적인 존재로 묘사된다. 이는 노골적인 혐오라기보다, 정형화된 이미지의 형태로 남아 있는 감정이다.

영국의 대중문화에서 프랑스인은 자주 경쟁자이자 라이벌로 등장한다. 유머와 풍자로 포장되지만, 그 이면에는 오랜 비교의 역사가 있다. 이웃은 웃음의 대상이 되면서도, 동시에 넘어서야 할 존재로 설정된다.

이처럼 문화는 혐오를 직접 주장하지 않는다. 대신 감정을 자연스럽게 전승한다. 관객은 분노하거나 반발하지 않아도, 어느새 특정한 이미지를 '당연한 것'으로 받아들이게 된다.

교육이라는 이름의 기억 관리

유럽 각국은 전쟁 이후 교육을 통해 과거를 정리하려 노력해 왔다. 그러나 교육 역시 완전히 자유롭지 않다. 교과서에는 언제나 국가의 시선이 반영된다.

프랑스와 독일의 공동 역사 교과서 프로젝트는 이런 한계를 의식한 시도였다. 한 사건을 하나의 시각이 아니라, 두 개의 서사로 설명하려는 노력. 누가 옳았는지를 가르치기보다, 왜 서로 다르게 기억하는지를 보여주려는 접근이었다.

한국에게 중국은 감정이다

이 시도는 단순히 역사 교육의 변화가 아니라, 감정 관리의 실험이었다. 상대국을 악으로 규정하지 않고, 갈등의 구조를 설명하려는 태도는 감정을 완전히 제거하지는 못했지만, 최소한 폭발하지 않도록 완충 장치를 제공했다.

하지만 이런 시도가 모든 국가에서 성공한 것은 아니다. 여전히 많은 교육 과정은 '우리의 피해'와 '그들의 가해'를 중심으로 구성된다. 이는 이해를 돕기보다 감정을 고착화하는 방식이 되기도 한다.

유럽연합이라는 새로운 실험

유럽연합(EU)은 인접국 혐오를 넘어서는 가장 야심 찬 시도였다. 국경을 허물고, 통화를 통합하고, 이동의 자유를 보장함으로써, 과거의 적대 관계를 구조적으로 무력화하려 했다.

EU의 핵심 발상은 단순했다. 서로를 미워할 여유가 없도록 얽히게 만들자는 것이었다. 경제적 상호의존, 제도적 협력, 공동 규범은 감정이 정치로 번역될 공간을 줄였다.

그러나 이 실험은 곧 한계에 부딪혔다. 감정은 제도보다 느리게 변화했고, 위기가 찾아오자 억눌렸던 정체성이 다시 모습을 드러냈다.

브렉시트는 그 대표적인 사례다. 많은 영국인은 유럽 시민이 되기보다 영국인으로 남기를 선택했다. 이 선택에는 경제적 계산뿐 아니라, 이웃과 지나치게 가까워지는 데 대한 정서적 거부감도 포함되어 있었다.

초국가적 정체성의 실패와 잔존한 감정

'유럽인'이라는 정체성은 완전히 실패한 것은 아니지만, 국가 정체성을 대체하지도 못했다. 위기 상황이 오면 사람들은 다시 국경 안으로 시선을 돌렸다.

난민 문제, 경제 위기, 안보 불안은 이웃에 대한 감정을 다시 자극했다. 이때 나타난 것은 과거와 동일한 노골적 증오는 아니었다. 대신 불안, 피로, 책임 전가의 형태로 감정이 변형되었다.

이는 중요한 사실을 보여 준다. 감정은 사라지지 않고 단지 형태를 바꿀 뿐이라는 사실을.

유럽의 통합은 제도적으로는 국경을 낮추었지만, 감정의 국경까지 허물지는 못했다. 위기가 닥치면 협력의 언어는 쉽게 후퇴하고, "왜 우리가 부담해야 하는가"라는 질문이 먼저 등장했다. 이 질문은 논리처럼 보이지만, 그 밑바탕에는 감정이 깔려 있다. 두려움, 손해에 대한 민감함, 그리고 '우리와 그들'을 다시 구분하려는 심리다.

이 과정에서 흥미로운 점은, 감정이 더 세련된 방식으로 표현된다는 사실이다. 과거처럼 노골적인 적대나 혐오의 언어 대신, 정책 비판, 재정 부담, 문화적 부적합성 같은 합리적 언어를 빌린다. 그러나 그 언어의 깊은 곳에는 여전히 경계와 거리 두기의 감정이 남아 있다. 초국가적 정체성은 위기 상황에서 감정을 완전히 흡수하지 못했고, 그 결과 감정은 다른 형태로 살아남았다.

결국 '유럽인'이라는 정체성은 기존의 국가 정체성 위에 덧씌워진 층위에 가까웠다. 평시에는 작동했지만, 불안이 커질수록 아래에 있던 오래된 정체성이 다시 전면으로 떠올랐다. 이는 정체성이 선언만으로 형성되지 않으며, 감정의 층위를 충분히 고려하지 않으면 언제든 균열이 드러난다는 점을 잘 보여 주는 사례이다.

유럽의 경험이 말해 주는 것

유럽의 인접국 혐오는 특별하지 않다. 오히려 인간 사회에서 매우 일반적인 현상이다. 가까운 존재일수록 비교하고, 경쟁하고, 감정을 투사하기 쉽다.

그러나 유럽의 경험은 또 다른 사실도 함께 보여 준다. 혐오는 자연스럽지만, 방치되었을 때만 파괴적이라는 점이다.

전쟁과 증오를 겪은 유럽은 감정을 부정하지 않았다. 대신 그것을 제도, 교육, 문화 속에 분산시켜 관리하려 했다. 완벽하지는 않았지만, 최소한 반복되는 파국은 막아 냈다.

유럽은 "사람들의 마음이 바뀌면 평화가 온다"는 낙관을 선택하지 않았다. 대신 마음이 쉽게 바뀌지 않는다는 현실을 전제로 삼았다. 그래서 감정이 폭주하지 않도록 절차를 만들고, 이해관계가 충돌하더라도 곧바로 적대가 되지 않도록 완충 장치를 설계했다. 공동의 규칙, 협의 구조, 반복적인 만남은 감정을 없애기 위한 장치가 아니라, 감정이 폭발하지 않게 하는 안전장치였다.

이 경험은 중요한 시사점을 남긴다. 혐오를 없애는 것은 목표가 될 수 없다. 오히려 혐오를 전제로 한 관리가 필요하다. 감정을 도덕의 문제로

만 다루는 순간, 그것은 음지로 숨어 왜곡된 형태로 커진다. 반대로 감정을 사회적 현상으로 인정하고, 제도와 생활 속으로 끌어올릴 때 그 파괴력은 줄어든다.

유럽의 선택은 성공담이라기보다 생존 전략에 가깝다. 그것은 인간이 감정적 존재라는 사실을 인정한 뒤에 나온 현실적인 답이었다. 이 점에서 유럽의 경험은 특정 지역의 이야기가 아니라, 갈등과 불안을 안고 살아가는 모든 사회에 던지는 질문이 된다.

우리는 유럽과 무엇이 같고 다른가

유럽의 사례를 따라오며 확인한 가장 중요한 사실은, 인접국에 대한 혐오와 경계가 특정 지역의 특산물이 아니라는 점이다. 가까이 있기 때문에 비교하게 되고, 비교하기 때문에 감정이 쌓이며, 그 감정이 역사와 기억 속에서 반복 재생된다는 구조는 매우 보편적이다.

한국 사회에서 중국과 일본을 바라보는 감정 역시 이 틀에서 크게 벗어나지 않는다. 오랜 역사적 갈등, 식민지 경험, 전쟁과 냉전의 기억, 그리고 현재 진행형인 정치·경제적 경쟁은 감정이 축적되기에 충분한 조건을 제공해 왔다.

이웃은 멀리 있는 타자가 아니다. 그래서 더 자주 의식되고, 더 쉽게 분노의 대상이 된다. 유럽이 그랬듯, 우리 역시 감정을 만들어 내는 조건 속에 오래 머물러 왔다.

보편성만으로는 설명되지 않는 지점도 분명히 존재한다. 한국 사회의

한국에게 중국은 감정이다

인접국 감정에는 몇 가지 독특한 특징이 겹쳐 있다.

첫째, 압축된 역사 경험이다.

유럽이 수백 년에 걸쳐 경험한 전쟁과 화해, 경쟁과 통합의 과정을 한국은 훨씬 짧은 시간 안에 통과했다. 식민지, 해방, 분단, 전쟁, 산업화, 민주화가 거의 연속적으로 이어졌고, 그 과정에서 감정을 충분히 숙성하거나 재정리할 시간은 거의 없었다.

둘째, 설명되지 않은 감정의 축적이다.

유럽에서는 전쟁 이후 기억을 관리하려는 시도가 제도와 교육, 문화 영역에서 비교적 일찍 시작되었다. 반면 한국 사회에서는 감정이 정리되기보다 정치적 필요에 따라 호출되거나, 사회적 분위기에 따라 증폭되는 경우가 많았다.

셋째, 현재성과 과거성이 뒤섞인 감정 구조다.

과거의 상처가 아직 끝나지 않은 현실 문제와 연결되면서, 감정은 쉽게 현재의 분노로 전환된다. 이때 역사적 맥락과 현실 분석은 분리되지 못하고, 하나의 감정 덩어리로 뭉쳐진다.

설명되지 않는 감정이 만들어 내는 착각

감정이 설명되지 않을 때, 사람들은 그것을 '자연스러운 반응'으로 받아들인다. 불쾌함은 이유를 요구받지 않고, 분노는 정당화 과정을 거치지 않는다. 이 상태가 오래 지속되면, 감정은 더 이상 반응이 아니라 입장이 된다.

이웃을 싫어하는 감정이 문제인 것이 아니다. 문제는 그 감정이 왜 생겼는지, 어떤 조건에서 강화되는지, 지금도 유효한지에 대한 질문이 사라질 때다.

질문이 사라진 자리에 남는 것은 확신이다. 그리고 그 확신은 종종 현실을 단순화한다.

"그들은 원래 그렇다."

"말해 봐야 소용없다."

"이해하려는 쪽이 순진하다."

이 문장들은 설명을 생략한 채 감정을 굳히는 언어들이다. 유럽이 수백 년에 걸쳐 반복해 온 오류이기도 하다.

우리 사회에 부족한 하나의 질문

한국 사회에서 인접국 감정이 쉽게 격화되는 이유는 단순히 감정이 강해서가 아니다. 그보다 감정을 다루는 질문이 부족하기 때문이다.

우리는 자주 묻는다.

"누가 더 잘못했는가?"

"누가 더 피해자인가?"

그러나 덜 묻는다.

"이 감정은 언제, 어떤 조건에서 강화되는가?"

"지금의 분노는 과거의 기억과 어떻게 연결되어 있는가?"

"이 감정이 사회적으로 어떤 기능을 하고 있는가?"

이 질문들은 감정을 부정하지 않는다. 오히려 감정을 이해의 대상으로 끌어올린다.

문제는 이러한 질문들이 대화와 논쟁의 장에서 제대로 다뤄지지 않는다는 점이다. 감정이 격화된 순간에는 상대를 공격하거나 방어하는 데 급급해, 감정 그 자체를 객관적으로 들여다보는 시도가 사라진다. 이로 인해 감정은 통제 불가능한 폭풍처럼 번지고, 해결이 불가능한 문제처럼 인식된다. 그러나 우리가 감정을 제대로 '질문'하기 시작할 때, 그때 비로소 분노와 혐오를 넘어설 수 있는 작은 틈새가 열릴 수 있다. 감정은 단지 격렬한 반응이 아니라, 우리 사회가 함께 풀어 가야 할 중요한 사회적 신호임을 인식해야 할 것이다.

혐오를 멈추자는 말이 실패하는 이유

"혐오를 멈추자"는 말이 공허하게 들리는 이유는, 그것이 감정의 출발점을 건너뛰기 때문이다. 감정은 명령으로 사라지지 않는다. 억압된 감정은 다른 형태로 돌아온다.

유럽의 경험은 이를 명확히 보여 준다.

혐오를 금지하는 것이 아니라, 혐오가 만들어지는 구조를 바꾸는 것이 중요하다.

그 구조에는 기억의 방식, 교육의 언어, 미디어의 프레임, 정치적 동원이 모두 포함된다. 감정은 개인의 문제가 아니라, 사회적 환경의 산물이기 때문이다.

그렇기에 단순히 혐오 표현을 금지하거나 '혐오를 멈추라'고 말하는 것은 근본적 변화를 만들어 내기 어렵다. 실제로 금지와 억압은 반발과 은폐를 낳아, 감정의 왜곡과 극단화를 부추긴다. 근본적인 해결책은 사회 전체가 감정을 생산하고 전파하는 방식을 변화시키는 데 있다. 기억 교육의 재구성, 미디어 보도의 책임 강화, 그리고 정치권의 감정 동원에 대한 자제 등이 함께 작동해야 한다. 그래야만 혐오가 '멈추는' 것이 아니라, 더 이상 쉽게 확산되지 않는 사회를 만들 수 있을 것이다.

보편성과 특수성 사이에서 우리가 선택할 것

인접국 혐오는 보편적이다. 그러나 그 표현 방식과 관리 방식은 사회마다 다르다.

우리는 유럽과 같은 실수를 반복할 필요는 없다. 동시에, 유럽이 겪었던 시행착오를 무시할 이유도 없다. 중요한 것은 감정을 없애는 것이 아니라, 감정 이후의 사고를 포기하지 않는 태도다.

이웃을 향한 감정이 생겼을 때, 즉각적인 판단 대신 질문을 던질 수 있는 사회, 확신보다 설명이 존중받는 분위기, 분노를 공유하는 것보다 이해를 시도하는 노력이 조롱받지 않는 공간.

이것이 유럽의 경험이 우리에게 남기는 가장 현실적인 교훈이다.

2

이탈리아의 사례와 한국의 지역 감정

분열의 땅에서 마주한 공존의 풍경

2025년 10월, 나는 처음으로 유럽 땅을 밟았다. 목적지는 이탈리아였다. 일흔을 넘긴 어머니와 함께한 이 여행은 단순한 관광이 아니라, 오래 마음속에 품어 온 질문을 따라가는 여정에 가까웠다. 한 나라 안에 공존하는 수많은 정체성, 그리고 그로 인해 발생하는 갈등과 타협의 흔적을 직접 보고 싶었다.

여행의 시작은 로마였다. 고대의 유적과 현대의 일상이 겹쳐진 이 도시는 그 자체로 시간이 층층이 쌓인 공간이었다. 여행 첫날 머물렀던 로마는 고대와 현대가 조화롭게 공존하는 도시로, 길을 걷는 동안 수천 년 역사가 온몸으로 느껴졌고, 성 베드로 대성당·콜로세움·시스티나 성당의 위대한 예술 작품들은 이곳이 인류 문명의 거대 기록임을 증명했다.

그러나 동시에 거리의 소통은 쉽지 않았다. 나는 이탈리아어를 거의 알지 못했고, 현지인들 역시 영어에 능숙하지 않은 경우가 많았다. 같은 공간에 서 있으면서도, 서로의 세계를 온전히 이해하지 못하는 순간들이 반복되었다. 이 어색한 침묵 속에서 나는 '언어'가 단순한 의사소통의 도구를 넘어, 정체성과 소속감을 가르는 경계라는 사실을 체감했다.

방언과 자부심, 그리고 정체성의 충위

로마에서 북쪽으로 이동하며 만난 도시들은 지도 위의 거리보다 훨씬 더 멀게 느껴졌다. 기차로 몇 시간밖에 떨어져 있지 않았지만, 도시마다 풍기는 공기와 사람들의 표정, 말의 리듬은 분명히 달랐다. 억양이나 말투도 미묘한 차이가 있었는데 그것은 단순히 억양이나 발음의 차원이 아니었다. 말하는 속도, 감정을 드러내는 방식, 상대를 대하는 태도까지 지역에 따라 함께 달라지는 느낌이었다. 언어는 소리 이전에 태도이며, 방언은 곧 삶의 방식이라는 생각이 자연스럽게 들었다.

현지 가이드는 이탈리아를 "하나의 언어를 쓰는 나라가 아니라, 수백 개의 언어가 공존하는 나라"라고 표현했다. 공식적으로는 이탈리아어가 국가 공용어이지만, 실제 일상에서는 지역별 방언이 여전히 강하게 살아 있다. 이 방언들은 표준어의 변형이 아니라, 독립된 언어에 가깝다. 어휘와 문법, 발음이 크게 달라 다른 지역 사람끼리는 정확한 뜻을 이해하지 못하는 경우도 적지 않다. 그럼에도 사람들은 굳이 표준어로 자신을 맞추려 하지 않는다. 오히려 방언을 고수함으로써 자신이 어디에서 왔는지를 확실히 드러낸다.

방언은 곧 자부심이었다. 사람들은 자신의 말투를 통해 자신이 속한 지역의 역사와 문화를 함께 말하고 있었다. "나는 이곳 사람이다"라는 정체

    한국에게 중국은 감정이다

성 선언이 말 한마디에 담겨 있었다. 어떤 이는 자신의 방언이 더 거칠다고 말했고, 또 다른 이는 더 우아하다고 주장했다. 그 우열의 판단에는 사실상 객관적인 기준이 없었지만, 감정은 분명했다. 자신이 속한 지역에 대한 애착과 긍지가 언어를 통해 자연스럽게 표현되고 있었다.

그러나 이 자부심은 때로 다른 지역에 대한 거리감으로 이어졌다. 같은 나라 사람이지만, 말투가 다르다는 이유만으로 미묘한 선이 그어졌다. 농담처럼 주고받는 말 속에는 오래된 경쟁과 편견이 섞여 있었다. "저쪽 사람들은 원래 그렇다"는 식의 말은 가볍게 흘러나왔지만, 그 배경에는 수백 년 동안 축적된 기억이 자리 잡고 있었다. 같은 국기를 공유하면서도 서로를 완전히 이해하지 못하는 구조는 하루아침에 만들어진 것이 아니었다.

이탈리아의 이러한 모습은 결코 우연이 아니었다. 중세부터 근대에 이르기까지 이탈리아는 단일한 국가가 아니라, 수많은 도시국가와 공국, 왕국이 각자의 이해관계를 지키며 공존하던 공간이었다. 각 도시는 독립적인 정치 체계와 경제 구조를 갖고 있었고, 외부보다 이웃 도시를 더 경계했다. 전쟁과 동맹, 배신과 경쟁이 반복되며 '우리'와 '그들'을 가르는 감각은 자연스럽게 굳어졌다.

이 과정에서 언어는 가장 확실한 경계가 되었다. 같은 땅에 살면서도 다른 말을 쓴다는 사실은, 서로가 다른 세계에 속해 있다는 증거처럼 여겨졌다. 방언은 단순한 의사소통 수단이 아니라, 도시의 자존심이자 생존의 흔적이었다. 그래서 통일 이후에도 방언은 사라지지 않았다. 오히려 국가가 하나로 묶인 뒤에도 사람들은 자신이 어디에서 왔는지를 더욱 또렷하게 말하고 싶어 했다.

오늘날의 이탈리아에서 방언은 과거의 유물이 아니라 아직도 계속 중인 그들만의 정체성이다. 그것은 분열의 상징이면서 동시에 공존의 증거이기도 하다. 서로 다르다는 사실을 부정하지 않은 채, 그 차이를 안고 살아가는 방식이 이탈리아 사회 곳곳에 남아 있었다. 이 복잡한 언어의 지형은, 한 나라 안에 얼마나 많은 감정의 층위가 공존할 수 있는지를 조용히 보여 주고 있었다.

도시국가의 경쟁이 남긴 감정의 지도

피렌체와 밀라노의 관계는 그 상징적인 예다. 피렌체는 르네상스의 중심지로 예술과 인문주의가 꽃피운 도시였다. 메디치 가문의 후원 아래 학문과 예술이 번성했고, 이는 도시의 자부심으로 굳어졌다. 반면 밀라노는 군사력과 상업을 기반으로 성장한 도시로, 정치적 현실주의와 경제적 실리를 중시했다. 두 도시는 서로 다른 가치와 비전을 대표하며 오랜 경쟁 관계를 유지했다.

베네치아 역시 독특한 위치를 차지했다. 해상 무역으로 부를 축적한 이 도시는 강력한 해군력과 상업 네트워크를 통해 독립 왕국처럼 기능했다. 바다를 중심으로 형성된 정체성은 내륙 도시들과의 차이를 더욱 부각시켰고, 이는 긴장과 충돌의 원인이 되기도 했다.

이러한 도시국가 간의 경쟁은 단순한 역사적 사건으로 끝나지 않았다. 오랜 갈등 속에서 형성된 감정은 세대를 거쳐 전승되었고, 지역에 대한 고정된 이미지와 편견으로 남았다. "우리는 다르다"는 인식은 이탈리아 사회 깊숙이 스며들어 있었다.

통합 이후에도 남은 균열

19세기 중반, 이탈리아는 정치적으로 통합되어 하나의 국가가 되었다. 그러나 국경이 하나로 묶였다고 해서 감정의 경계까지 사라진 것은 아니었다. 특히 북부와 남부의 차이는 여전히 뚜렷했다. 북부는 산업화와 근대화를 통해 경제적 우위를 점했고, 남부는 상대적으로 발전이 더뎠다. 이 격차는 단순한 경제 문제를 넘어, 지역에 대한 평가와 자존감의 문제로 이어졌다.

남부는 종종 '뒤처진 지역'으로 묘사되었고, 이는 남부 출신 사람들에게 상처와 방어적인 태도를 남겼다. 북부 사람들 역시 자신들의 효율성과 성취를 강조하며 차별화된 정체성을 유지했다. 이렇게 형성된 감정의 균열은 오늘날에도 정치적 선택과 사회적 담론에 영향을 미치고 있다.

그럼에도 불구하고 이탈리아 사회는 완전한 분열로 치닫지 않았다. 갈등과 편견이 존재함에도, 서로 다른 지역과 문화가 하나의 국가 안에서 공존하려는 시도는 계속되어 왔다. 이는 불완전하지만 지속적인 과정이었다.

내부에서 형성된 경계, 한국 사회의 지역 감정

이탈리아의 도시들을 이동하며 마주한 풍경은 자연스럽게 한국 사회의 지역 감정을 떠올리게 했다. 이는 특정 지역을 평가하거나 비교하려는 시도가 아니라, 사회가 오랜 시간에 걸쳐 만들어 온 감정 구조의 공통점을 관찰한 결과였다. 한국은 단일 민족과 단일 언어를 공유하는 사회로 인식되지만, 그 내부에는 지역이라는 기준을 중심으로 형성된 복잡한 감정의 층위가 존재한다. 지역은 단순한 지리적 구분을 넘어 정치적 선택과 사회적 이미지, 개인의 정체성까지 영향을 미쳐 왔다.

한국에서 지역 감정은 종종 일상적인 언어 속에 자연스럽게 스며 있다. 농담처럼 던져지는 말 속에도 특정 지역에 대한 고정된 이미지가 담겨 있고, 선거와 같은 정치적 국면에서는 그 감정이 더욱 노골적으로 드러난다. 같은 법과 제도 아래 살아가면서도, 서로의 역사적 경험과 사회적 맥락을 이해하려 하기보다 이미 만들어진 인식에 기대어 판단하는 경우가 반복된다. 이러한 태도는 개인의 문제라기보다, 오랜 시간 축적된 사회적 기억과 구조의 결과에 가깝다.

지역 감정은 단기간에 형성된 것이 아니며, 특정 세대에 국한된 현상도 아니다. 산업화와 도시화의 속도 차이, 정치적 선택의 누적, 경제 구조의 변화 속에서 각 지역은 서로 다른 경험을 축적해 왔다. 그 차이가 충분히 설명되지 않은 채 단순한 이미지로 각인될 때, 감정은 쉽게 왜곡되고 강화된다. 한국 사회에서 지역 감정이 여전히 강하게 작동하는 이유는, 그 감정이 제대로 언어화되고 해석된 적이 거의 없었기 때문이다.

차이를 지운 통합이 아닌, 이탈리아가 보여 준 공존의 방식

이탈리아에서 확인할 수 있었던 지역 간의 관계는 단순한 갈등의 연속이 아니었다. 각 지역은 서로 다른 역사와 문화, 자부심을 바탕으로 자신

한국에게 중국은 감정이다

만의 정체성을 유지해 왔고, 그 차이는 사회 전반에 자연스럽게 인식되고 있었다. 북부와 남부, 해안과 내륙, 도시와 도시 사이에는 분명한 차이가 존재했지만, 그것이 반드시 하나의 기준으로 통합되지는 않았다.

이탈리아의 지역 감정은 경제적 격차나 정치적 대립에서 비롯되기도 했지만, 그 근저에는 각 지역이 축적해 온 고유한 역사와 기억이 자리하고 있었다. 중요한 점은 이러한 차이가 완전히 해소되지 않았음에도 불구하고, 공존을 위한 조정이 지속되고 있다는 사실이다. 완전한 이해나 합의보다는, 서로 다를 수 있다는 전제를 받아들이는 태도가 사회 곳곳에 스며 있었다.

특히 인상 깊었던 것은, 지역 간의 차이가 반드시 부정적인 의미로만 해석되지 않는다는 점이었다. 방언과 생활 방식의 차이는 분열의 상징이 아니라, 각자의 삶을 설명하는 언어로 남아 있었다. 서로 다른 말투와 문화는 단절의 이유가 아니라, 이탈리아라는 국가를 구성하는 다양성의 일부로 인식되고 있었다. 이러한 인식은 '같아야만 하나가 될 수 있다'는 통합의 논리를 넘어서는 방식이었다.

이탈리아의 사례는 공존이란 차이를 지우는 일이 아니라, 차이를 전제로 관계를 맺는 과정임을 보여 준다. 분열의 역사가 길었다는 사실 자체보다 중요한 것은, 그 역사를 어떻게 현재의 사회적 관계로 연결하느냐는 문제였다. 이 점에서 이탈리아는 완성된 모델이라기보다, 여전히 조정 중인 사회의 한 모습을 보여 주고 있었다.

감정의 지도를 다시 그리는 선택

한국 사회는 이제 지역 감정을 단순히 극복해야 할 대상으로만 바라볼 것이 아니라, 이해해야 할 감정 구조로 다시 바라볼 필요가 있다. 감정을 억누르거나 부정할수록, 그것은 다른 방식으로 표출된다. 한국에서 지역 감정이 정치적 대립이나 혐오의 언어로 쉽게 번역되는 이유도, 감정이 충분히 설명되지 않은 채 축적되어 왔기 때문이다.

이탈리아에서 느낀 가장 큰 교훈은, 공존의 출발점은 '같음'을 강조하는 데 있지 않다는 사실이었다. 서로 완전히 이해하지 못하더라도, 다름이 형성된 맥락을 인정하는 태도는 관계의 긴장을 완화시킨다. 이는 한국 사회가 지역 감정을 다루는 방식에서도 중요한 단서가 된다. 지역 간의 차이를 부정하거나 억지로 통합하려는 시도는 오히려 반감을 키울 수 있다.

한국의 지역 감정 역시 왜 그런 감정이 형성되었는지를 묻는 질문에서부터 다시 시작해야 한다. 산업화의 속도, 정치적 선택, 경제적 구조 속에서 각 지역이 어떤 위치에 있었는지를 돌아보는 과정이 필요하다. 감정은 이유 없이 생기지 않으며, 그 이유를 이해할 때에만 새로운 선택이 가능해진다.

이탈리아의 복잡한 감정 구조는 한국 사회가 스스로의 감정 지도를 다시 그려볼 수 있는 하나의 거울처럼 작용한다. 서로를 완전히 이해하지 못해도 함께 살아갈 수 있다는 가능성, 그리고 차이를 인정하는 태도가 공존의 출발점이 될 수 있다는 사실은 국경을 넘어 유효한 교훈이다. 분열의 역사는 언제나 존재하지만, 그 위에 어떤 관계를 쌓아 올릴지는 결국 현재를 살아가는 사람들의 선택에 달려 있다.

역사 속에서 배우는 공존의 교훈

이탈리아의 역사에서 우리는 단지 분열과 갈등만 보지 않는다. 그 뒤에는 '통합'을 향한 끈질긴 노력과 수많은 사람들의 열망이 있었다.

이탈리아의 사례는 우리에게 중요한 질문을 던진다.

'우리 사회는 어떻게 지역 간의 갈등을 넘어설 수 있을까?'

'서로 다른 정체성과 문화를 인정하고, 조화롭게 공존하기 위해서는 무엇이 필요할까?'

이러한 질문은 한국 사회가 지금 마주한 현실과도 깊이 연결되어 있다.

지역 감정은 단순히 감정이나 편견만으로 만들어지는 것이 아니다. 그것은 역사, 경제, 문화가 복합적으로 얽혀 만들어진 결과다. 이를 해결하기 위해서는 단순한 '혐오 멈추기' 차원을 넘어, 구조적이고 다층적인 접근이 필요하다.

오늘의 이탈리아와 한국

오늘날 이탈리아는 공식적으로 통일국가로 자리 잡았지만, 지역 간 감정의 골은 여전히 남아 있다. 북부와 남부 사이의 경제적 격차, 문화적 차이, 정치적 견해 차이는 때때로 사회적 갈등으로 표출된다.

특히 북부에서는 '북부동맹(Lega Nord)'과 같은 정당이 등장해 남부를 '게으르고 무책임한 지역'으로 비판하며 분리주의적 목소리를 내기도 했다. 이러한 정치적 움직임은 지역 간 편견을 심화시키기도 했지만, 동시에 지역 정체성에 대한 논의와 토론을 촉진하기도 했다.

그러나 아이러니하게도, 오늘날 이탈리아 사람들 대부분은 '이탈리아인'으로서의 자부심도 강하게 갖고 있다. 축구 대표팀을 응원할 때면 남북이 하나로 뭉치고, 문화 행사나 국가적 기념일에도 공통된 정체성을 확인한다.

이것은 긴 역사 속에서 수많은 갈등과 화해, 타협을 거치며 형성된 '복합적 정체성'의 산물이다. 이탈리아는 서로 다른 지역 정체성들이 공존하는 '다중 정체성 국가'의 대표적 사례라 할 수 있다.

한국의 지역감정 역시 단순한 감정의 문제가 아니다. 경제적 불균형, 정치적 이념 차이, 역사적 기억들이 복합적으로 얽혀 있다. 특히 영남과 호남 간의 갈등, 수도권과 지방 간의 격차는 여전히 한국 사회의 큰 과제이다.

그럼에도 불구하고 한국 사회에는 이러한 갈등을 넘어서려는 노력들도 꾸준히 있어 왔다. 지역 간 교류 활성화, 지방 균형 발전 정책, 지역 문화 축제 등이 그런 예다.

하지만 갈등과 편견은 쉽게 사라지지 않고, 특히 정치적 상황에 따라 증폭되기도 한다. 이 과정에서 특정 지역이나 집단을 향한 혐오와 배제는 사회 전체의 건강한 발전을 저해한다.

공존을 위한 길: 이해와 대화

이탈리아의 역사는 우리에게 중요한 교훈을 준다.

서로 다름을 인정하고, 그 차이 속에서도 공통점을 찾아내며, 끊임없이

한국에게 중국은 감정이다

대화하고 협력할 때 진정한 통합이 가능하다는 것이다. 이는 단순한 '모두가 하나 되어야 한다'는 이상론이 아니라, 현실적인 사회 운영의 문제이자, 정체성과 감정의 복잡성을 인정하는 성숙한 태도다.

나아가, 지역 감정을 넘어 외부 '이웃'에 대한 감정도 마찬가지다. 이웃 국가와의 관계 역시 역사적 갈등과 경쟁 속에서 발전해 왔으며, 지금도 쉽지 않은 문제를 안고 있다. 한국 사회가 지역 감정을 극복하는 과정은 국제 사회에서 '이웃'을 이해하고 협력하는 데도 귀중한 경험과 지혜를 줄 수 있다.

이탈리아 여행을 마치며 나는 스스로에게 물었다.

나는 얼마나 내 안의 편견과 선입견을 넘어서서 타인을 이해하려 노력하는가?

지역과 출신, 문화의 차이를 인정하고, 서로 다름 속에서 공존을 모색하는 데 얼마나 열린 마음을 가지고 있는가?

내가 접하는 정보와 경험은 얼마나 균형 잡힌 시각을 담고 있는가?

그리고 무엇보다, 나는 이 사회와 이 세계에서 진정한 공존을 위해 어떤 역할을 할 수 있을까?

이 질문들은 단순한 개인적 성찰을 넘어서 사회 전체의 화합을 위한 출발점이다.

마지막으로 독자 여러분께도 묻고 싶다.

'지금 내 안에 자리 잡은 지역감정과 편견을 얼마나 직시하고 있는가?'

'당신이 바라보는 세상은 정말 객관적인가, 아니면 익숙한 감정의 틀에 갇혀 있지는 않은가?'

'우리는 서로 다른 목소리를 어떻게 더 잘 듣고 이해할 수 있을까?'

　이탈리아의 긴 역사와 복잡한 정체성, 그리고 그 속에서 탄생한 공존의 방식은 우리에게 깊은 통찰을 준다. 우리는 모두 '같은 나라 안의 다른 얼굴들'이며, 그 다양성을 품을 때 더 단단하고 아름다운 공동체를 만들 수 있다.

한국에게 중국은 감정이다

3

한국은 왜 더 감정적인가

한국인은 감정을 숨기지 않는다. 아니, 숨기려 해도 쉽게 숨겨지지 않는다. 분노가 일렁이고, 상처가 깊어질수록 그 감정은 폭발하듯 터져 나온다. 왜 그럴까? 흔히 민족적 기질로 치부하기에는 우리 감정의 폭은 너무 크고, 그 뿌리는 너무 깊다. 이 뿌리는 바로 '역사'다. 고통과 분열, 그리고 끊임없는 외부 침략과 내부 갈등으로 얼룩진 격동의 세월이 오늘날 우리 감정의 토양이 되었다.

폭풍처럼 휩쓴 근대사의 파고

20세기 한국의 역사는 마치 폭풍의 눈을 헤치며 바다를 항해하는 작은 배와도 같았다. 언제 어디서 강한 폭풍우가 몰아칠지 알 수 없었고, 언제 평온한 바다를 만날 수 있을지 그 누구도 장담할 수 없었다. 태풍이 휘몰아치는 그 순간, 우리 민족은 단 한 번도 진정한 평화와 안식을 누린 적이 없었다.

1910년 한반도는 일제 제국주의의 무자비한 손아귀에 붙잡혔다. 일제 강점기, 우리 조상들은 단순히 정치적 억압을 당한 것이 아니라, 민족의 '존재 자체'가 철저히 짓밟혔다. 한 사람 한 사람의 숨결, 우리말, 우리 문화, 그리고 자존심마저 무참하게 파괴되었다. 식민지 통치의 잔혹함은 우리 삶 깊숙이 스며들었고, 이 상처는 그 후 세대를 이어 우리 가슴에 깊게 새겨졌다.

우리 선조들이 겪은 고통은 말로 다 표현할 수 없는 아픔이었다. 강제로 끌려간 노동자들, 이름 모를 수많은 여성들이 당한 끔찍한 희생, 그리고 독립운동가들이 감내한 탄압과 고난은 우리 민족의 기억 속에 지울 수 없는 흔적으로 남았다. 그들은 각자의 자리에서 꺼지지 않는 저항의 불꽃을 지피며 민족의 존엄을 지키려 했다.

1945년 광복의 순간, 한반도는 오랜 어둠에서 갑자기 쏟아져 나온 눈부신 햇살 같았다. 수십 년간 억눌려 왔던 숨통이 트이는 듯 모두가 환희에 들떴다. 하지만 그 찬란한 빛은 오래가지 못했다. 불과 5년 뒤, 1950년 6·25전쟁이 터지면서 우리 땅은 다시 피와 불길에 휩싸였다.

한 민족, 한 혈육이 총부리를 겨누는 참극이었다. 가족과 이웃, 심지어 같은 핏줄마저 서로를 적으로 돌려 세운 이 비극은 너무나도 참담했다. 전쟁이 남긴 상처는 단순히 정치적 대립에 머무르지 않고 우리의 심장을 짓눌렀다. 수백만 명의 희생과 폐허가 된 마을, 그리고 찢겨진 한반도는 그 자체로 우리의 영혼을 할퀴는 깊은 상처였다.

분단은 단순한 지리적 경계를 넘어 우리 민족의 정신과 정서, 나아가 정체성에 깊고 아픈 균열을 만들었다. 남과 북으로 찢긴 현실은 우리 가슴에 깊은 칼날처럼 꽂혀, 세대를 넘어 이어지는 아픔과 상처를 낳았다.

          한국에게 중국은 감정이다

그 상처는 말로 표현하기 힘든 무거운 짐이 되어 우리의 마음속에 자리 잡았다. 우리의 내면은 그 칼날에 늘 찔려 있었고, 시간이 흘러도 그 깊은 고통은 결코 가라앉지 않았다. 오히려 더욱 선명하게, 날카롭게 우리의 삶을 옥죄고 있다.

내면을 관통하는 분단의 균열과 미움

분단은 한반도 위에 그어진 냉혹한 선일 뿐 아니라, 우리 각자의 마음속에 깊게 팬 균열이기도 하다. 우리는 뿌리는 하나임에도 불구하고 서로를 낯선 '적'으로 인식하는 고통스러운 현실을 마주했다.

이 균열은 너무도 깊고 아프다. 완전한 치유는 아직 멀기만 하다. 남과 북, 서로 다른 이념과 체제가 우리의 정체성과 감정마저 갈라놓았다. 그렇게 분단은 단순한 정치적 문제가 아니라, 우리의 존재와 내면을 가르고 찢는 깊은 상처가 되었다.

우리 마음속에 자리 잡은 분단의 상처는 시간이 흘러도 점점 더 단단해진다. 서로를 미워하고 두려워하는 감정은 끊임없이 우리를 짓누른다. 우리가 품는 증오와 불신은 사실 살아남기 위한 본능적인 반응이기도 하다.

'적'을 미워하지 않으면 불안과 두려움이 마음속을 휩쓸기 때문이다. 누군가를 경계하고 미워함으로써 우리는 스스로를 보호하는 심리적 방패를 만든다. 그러나 이 감정은 동시에 우리 사회를 분열시키고 갈등을 키운다.

일제 강점기에 대한 일본에 대한 원한, 전쟁 이후 북한에 대한 두려움과 증오, 그리고 오늘날 국제 정세 속에서 새로이 형성되는 '적'에 대한 감정까지. 우리에게 '미움'은 단순한 감정이 아니라 일종의 생존 전략처럼 자리 잡았다.

하지만 이 미움은 때때로 사실과 무관하게, 오롯이 '내가 경험한 것'이나 '내가 해석한 것'에만 의존한다. 그래서 진실은 흐려지고 왜곡된다.

분단의 상처는 분노와 두려움으로 우리를 옥죄고, 그 감정들은 편견과 혐오로 사회 구석구석 번져 나간다. 가족과 친구마저 의심하고 적대시하는 현실은 우리를 얼마나 고독하고 무력하게 만드는가.

이 깊은 상처와 미움 속에서 우리는 끊임없이 흔들리며, 때론 무너져 내리기도 한다. 이 땅의 모든 사람이 각자 자신만의 분단의 그림자를 짊어지고 살아가고 있다.

강대국 틈바구니에서 겪는 고통과 분노

한반도는 지리적 위치 때문에 태어날 때부터 거대한 파도에 휩쓸릴 운명이었다. 동북아시아의 지정학적 격랑 속에서 우리는 늘 세네 강대국인 미국, 중국, 러시아, 일본 사이에서 미묘한 줄다리기를 해 왔다. 이 거대한 세력들 사이에서 살아남기란, 마치 끊임없이 흔들리는 줄 위를 걷는 것과 같았다.

미국 편에 서자니 중국의 냉대가 두렵고, 중국과 가까워지자니 미국의 압박과 눈치 보기로 마음은 갈기갈기 찢긴다. 작은 나라가 할 수 있는 선택지는 많지 않았다. 그 선택지들은 언제나 제한적이고, 때로는 절망적이었다.

한국에게 중국은 감정이다

이러한 정치적 현실은 국민 한 사람, 한 사람의 삶에도 깊은 그림자를 드리운다. 매 순간 '어떤 편에 설 것인가?'를 고민하는 국민들은 마음속 깊은 곳에서 무력감과 답답함을 느낀다. 그 답답함은 분노로, 분노는 때때로 혐오로 번져 갔다.

우리가 마주하는 현실은 냉혹하다. 대국들의 이해관계와 힘의 논리 앞에서 국민은 무기력한 존재가 되기 쉽다. 이런 무기력은 결국 내면 깊은 곳에서 끓어오르는 분노를 키운다. 그리고 그 분노는 사회 전반에 퍼져 나가 일종의 폭발 직전의 감정적 뇌관이 된다.

정치와 외교가 냉철한 계산으로 움직이는 동안, 국민들의 마음은 이처럼 뜨거운 감정의 소용돌이 속에 휩싸여 있다. 그것은 단지 단어 몇 개로 치부할 수 없는, 뿌리 깊은 고통이다.

이 땅에 사는 사람들은 때로 자신도 모르는 사이에 분노와 혐오라는 감정의 늪에 빠져들고 있다. 그 감정은 현실의 무게에서 비롯된 것이며, 동시에 우리 스스로가 만들어 내는 고통의 굴레이기도 하다.

우리는 이 현실을 외면할 수 없다. 우리 안에 숨겨진 상처와 분노를 마주하고, 그 속에서 더 나은 길을 찾아야 한다. 바로 그 절박한 마음으로, 우리는 우리 자신과 마주해야 한다.

온라인 분노의 증폭과 우리 내면의 불안

21세기는 디지털 혁명이 우리 삶 구석구석을 뒤흔들었다. 인터넷과 SNS는 세계를 연결했지만, 동시에 그 안에서 분노와 혐오는 눈덩이처럼 불어났다. 온라인은 분노가 가장 빠르고 강하게 퍼져 나가는 무대가 되었다.

페이스북, 인스타그램, 유튜브, 그리고 각종 인터넷 커뮤니티는 하루도 빠짐없이 감정의 폭풍을 생산해 낸다. 그중에서도 특정 국가나 집단을 향한 혐오와 적대감이 특히 눈에 띈다. '중국이 또 저랬네', '일본은 아직도 변하지 않았다'는 익숙한 문장들은 한국인의 감정적 언어가 되었다.

하지만 이런 감정의 폭발 뒤에는 사회적 불안과 심리적 불확실성이 자리 잡고 있다. 우리는 미래를 예측하기 어려운 세계에서 살고 있다. 경제 불안, 안보 위기, 국제정세의 복잡함은 모두 우리 마음속 불안을 키웠다.

온라인 알고리즘은 이런 불안을 정확히 이용한다. 자극적이고 분노를 부추기는 콘텐츠가 우선적으로 노출되면서, 우리는 더욱 강한 감정에 사로잡힌다. 분노는 연쇄반응처럼 퍼지고, 혐오는 집단적 정서로 고착된다.

문제는 이 분노가 '내가 보고 듣고 느낀 것'에만 의존해 현실을 왜곡한다는 점이다. 우리는 각자의 조각난 경험을 연결해 '내가 믿는 현실'을 만들고, 그 틀에 맞는 정보만 골라 받아들인다. 이 과정에서 객관적인 진실은 뒤로 밀려난다.

이처럼 분노와 혐오는 개인의 불안과 사회적 갈등, 그리고 기술적 환경이 맞물려 일종의 집단적 정서로 확산된다. 그 결과 우리는 점점 더 분열되고, 서로를 의심하며 적대한다.

한국 사회에 만연한 이 분노의 불길은 우리의 공동체를 위협한다. 서로에 대한 이해와 신뢰가 무너지고, 갈등과 혐오는 공공연한 일상이 되었다.

우리는 이 분노의 늪에서 벗어나야 한다. 감정을 통제하고, 사실에 기반한 대화와 이해를 통해 상처를 치유하는 길만이 우리가 나아갈 길임을 잊어서는 안 된다.

상처와 감정, 그리고 기억의 무게

한국인의 감정적 강렬함은 단지 성격이나 기질만으로 설명할 수 없는 깊은 역사적 뿌리가 있다는 것은 슬픈 현실이다. 수백 년간 침략과 분단, 내전과 외세의 간섭 속에서 우리의 마음속은 이미 상처투성이가 되었다.

그 상처는 단순한 고통의 기억이 아니다. 그것은 우리의 정체성을 형성하는 힘이자, 때로는 무거운 짐이다. 일제강점기의 억압과 고통은 우리 민족에게 '분노'라는 감정을 각인시켰다. 해방 이후 찾아온 자유의 순간은 짧았고, 곧 이어진 6·25전쟁의 참상은 다시 우리를 절망으로 몰아넣었다.

전쟁으로 찢어진 가족, 끝나지 않은 이념의 갈등, 그리고 분단의 냉혹한 현실은 우리의 마음 깊은 곳에 '상처받은 기억'이라는 형태로 새겨졌다. 이 상처는 단순한 과거가 아니라 오늘날 우리 삶과 감정의 바탕이 되었다.

그렇기에 한국인의 감정은 때로 격렬하고, 때로 쉽게 폭발한다. 그 감정의 진폭은 우리의 역사를 닮았다. 역사 속의 아픔은 개인의 마음으로, 사회의 분노로 전이되며 복잡한 감정의 그물망을 만든다.

감정적 갈등과 공동체의 도전

분노와 혐오는 사회적 갈등의 불씨가 되기도 하지만, 동시에 우리 공동체가 극복해야 할 문제이기도 하다.

오늘날 한국 사회는 매우 빠른 속도로 변화하고 있다. 정보와 문화가 세계 곳곳에서 흘러들고, 개인과 집단의 목소리가 다양해지는 시대다. 하지만 변화 속에서 우리는 과거의 감정과 상처를 완전히 털어 내지 못했다.

지역감정, 세대갈등, 정치적 이념의 대립, 그리고 국제 관계 속 불안감은 모두 감정적 반응을 증폭시키는 요소다. SNS와 미디어는 이러한 감정을 확대 재생산하며 사회적 분열을 심화시킨다. 이 과정에서 우리는 '내 편'과 '남의 편'으로 나뉘고, 상대방을 이해하기보다 혐오하는 데 익숙해졌다. 이런 상황에서 진정한 대화와 화해는 쉽지 않다.

그러나 공동체가 건강해지려면, 그리고 미래를 열어 가려면 이 감정적 갈등을 넘어서는 노력이 절실하다. 개인과 사회 모두가 감정을 성찰하고, 타인의 상처에 공감하며, 상호 이해를 넓혀 가는 과정이 필요하다.

역사 속에서 수많은 상처와 분열을 겪었지만, 그 역사가 우리에게 가르쳐 준 것도 있다. 바로 '회복'과 '화합'의 힘이다.

감정을 넘어서기 위한 노력, 새로운 길을 찾아서

그렇다면 우리는 이 깊고 넓은 감정의 늪에서 어떻게 벗어날 수 있을까?

심리학자 데이비드 버스가 강조했듯이, 감정은 인간 행동의 가장 강력한 동력이다. 분노, 슬픔, 기쁨, 두려움 모두 우리의 행동과 생각을 이끄는 근본적인 힘이다. 하지만 그 감정을 인지하고 조절할 수 있을 때, 우리는 비로소 자유를 얻을 수 있다.

한국에게 중국은 감정이다

한국인의 감정적 기질은 역사와 현실이 만든 산물이지만, 그것에 휘둘려 증오와 갈등만 키우는 것은 미래를 더욱 어둡게 할 뿐이다.

우리는 서로의 감정을 인정하는 동시에, 그 감정 뒤에 숨은 상처와 불안을 들여다보아야 한다. 그것이 서로를 이해하는 첫걸음이 된다. 이해와 공감이 없다면, 감정은 그저 파괴적인 힘에 머물 뿐이다. 하지만 함께 고통을 나누고, 서로의 다름을 인정할 때 비로소 치유와 화해의 가능성이 열린다.

우리의 미래는 감정의 파고를 넘어설 때 비로소 밝아질 수 있다.

우리는 각자 자신의 내면을 들여다보고 감정을 성찰할 필요가 있다. 왜 내가 이렇게 분노하고, 왜 이토록 불안해하는가? 내 안의 감정을 인지하고, 그것이 어디에서 비롯되었는지 이해하는 것부터 시작해야 한다.

더 나아가 공동체와 사회 차원에서도 화해와 대화의 문을 활짝 열어야 한다. 아픈 기억을 공유하고, 서로의 다름을 인정하며, 공감과 이해를 쌓아 가는 과정이 필요하다.

국제 관계 속에서도 우리가 겪는 감정적 갈등은 한국만의 이야기가 아니다. 세계 여러 민족과 국가들이 역사와 감정의 상처를 안고 있다. 그럼에도 불구하고 평화와 협력을 향해 나아가고 있다.

한국도 그 길을 걸을 수 있다. 감정을 무조건 억누르거나 숨기려 하지 말고, 오히려 그것을 바탕으로 더 깊은 이해와 공감, 그리고 치유를 이뤄 낼 수 있다. 결국 우리에게 필요한 것은 감정을 통제하는 기술이 아니라, 감정을 통해 진정한 자유와 평화를 찾아가는 지혜다.

이제 우리 모두가 질문해야 한다.

"내가 가진 감정의 뿌리는 무엇인가?"

"그 감정을 어떻게 더 건강하게 표현하고 다룰 수 있을까?"

"내가 속한 공동체와 사회는 어떻게 이 감정의 파고를 넘어설 수 있을까?"

이 질문들이 우리를 새로운 길로 이끌 것이다.

그리고 그 길 위에서, 우리는 더 나은 내일을 함께 만들어 갈 수 있다.

한국에게 중국은 감정이다

제6부

그럼에도 불구하고,
우리가 가야 할 길

1

혐오를 부정하지 말고 분석하자

낯선 땅에서 마주한 불편한 진실

나는 18세, 한국을 떠나 중국 상하이로 향했다. 그때 내 마음속엔 수많은 편견과 막연한 두려움이 함께 뒤섞여 있었다. '중국'이라는 단어가 내게 주던 이미지는 복잡하고 왜곡되어 있었다. 어릴 적부터 듣던 말, 주변에서 자연스럽게 스며든 인식들은 중국을 '낙후된 나라', '더럽고 무례한 곳'으로 그렸다. 그 편견들은 거대한 그늘처럼 내 마음 깊숙이 자리 잡고 있었고, 나는 그 그림자를 떨치지 못한 채 낯선 땅에 발을 내딛었다.

그러나 현실은 내가 상상했던 것과 전혀 달랐다.

상하이 공항을 나오자마자 맞닥뜨린 그 도시의 웅장함과 복잡함은 말로 표현하기 어려운 충격이었다. 수천 년의 역사와 현대가 뒤섞인 이 도시의 거리는 숨 가쁘게 움직였다. 고층 빌딩 사이로 쉴 새 없이 쏟아지는 인파, 거리 곳곳에서 울려 퍼지는 다양한 언어와 사투리, 그 속에서 각기 다른 삶을 살아가는 사람들이 만들어 내는 무수한 이야기들. 나는 그 도시 한가운데서 '중국'이라는 단순한 틀 너머의 무한한 가능성과 다양성을 처음 마주했다.

하지만 나는 동시에 그곳에서 소외감과 낯섦, 심지어 거부감도 느꼈다. 내가 한국에서 갖고 있던 '중국에 대한 이미지'와 그 현실 사이에서 자주 부딪히고 흔들렸다. 그것은 곧 내 마음속에 또 다른 질문들을 낳았다. '나는 누구인가?' '이곳에서 나는 어디에 속하는가?' '한국인으로서 나는 중국이라는 이질적인 공간에서 어떻게 살아남을 수 있을까?' 하는 근본적인 정체성의 혼란이었다.

시간이 흘러 어느덧 사회 생활을 하게 되면서, 나는 사람 사이에 존재하는 보이지 않는 긴장과 갈등을 마주해야 했다. 그 안에는 문화 차이, 언어 장벽, 그리고 서로에 대한 오해와 편견이 복잡하게 얽혀 있었다. 예를 들어, 한 직원은 출신 지역이 다르다는 이유만으로 다른 직원과 사소한 충돌을 겪기도 했다. 또, 한국인조차도 중국에서 오랜 시간 생활해 온 나를 바라보는 시선 속에는 '도대체 너는 어디서 왔느냐'는 질문 뒤에 숨어 있는 기대와 불신이 있었다.

이러한 현실 속에서 나는 갈등의 씨앗이 어디에서 자라는지, 그리고 그 갈등이 어떻게 해결될 수 있는지를 날마다 관찰하고 배웠다. 서로 다른 배경을 가진 사람들이 한 공간에서 일할 때, 단순한 업무 문제 이상의 감정적 이해와 소통이 얼마나 중요한지 깨달았다. 그때부터 나는 사람의 마음을 읽는 것이야말로 내 일에서 가장 중요한 기술이자, 내 삶의 필수적 생존기술이 되었다.

그 과정에서 가장 힘들었던 것은 나 자신에 대한 질문들이었다. '중국에서 오래 살았다고 하면, 나는 그저 한국인인가, 아니면 중국인의 일부분인가?' 내가 '중국인답지 않다'는 말을 들었을 때, 그 말이 처음엔 무심코 건

넨 칭찬처럼 들렸지만 이내 내 안에서 씁쓸한 무게로 다가왔다.

'중국스럽다'는 표현이 단지 어떤 특성을 의미하는 것이 아니라, 부정적이고 편견 어린 시선이 담겨 있다는 것을 깨달았다. 나는 그 순간 한국 사회가 얼마나 깊게 '중국'에 대한 고정관념과 편견을 품고 있는지를 절감했다. 그것은 단순한 감정의 문제가 아니라 사회적, 문화적 뿌리가 깊은 문제였다.

이 경험들은 내게 하나의 중요한 진리를 알려 주었다. 혐오는 감정의 단순한 분출이 아니라, 우리 내면 깊숙이 자리한 정체성의 문제라는 사실이다.

한국 사회는 중국을 바라볼 때 종종 편협한 시선에 갇힌다. '시끄럽고, 무례하며, 더러운' 이미지가 언론과 인터넷을 통해 끊임없이 재생산된다. 그것은 진실의 한 단면일 뿐임에도, 전체를 대변하는 것처럼 굳어지고, 국민들의 무의식에 깊이 새겨졌다.

하지만 내가 살아간 중국은 그런 단순한 이미지와는 전혀 달랐다. 그곳 사람들은 저마다 고유한 사연과 감정을 지녔으며, 사회는 생생히 살아 움직였다. 그리고 나는 그 틈에서 두 세계 사이의 다리를 놓는 역할을 해야 했다.

나는 혐오가 단순한 감정 이상임을 알기에, 그것을 부정하거나 숨기려 하지 않았다. 오히려 나는 그 감정을 직시하며 왜 그런 감정이 내 안에서 생겨나는지 스스로 분석하고자 했다. 그렇게 하면서 나는 조금씩 나 자신을 이해하고, 더 넓은 시각을 갖게 되었다.

이 경험은 나만의 이야기가 아니다. 우리가 사는 이 사회 곳곳에 숨어 있는 혐오와 편견은 결코 사라지지 않을 것이다. 그러나 그 감정을 마주

한국에게 중국은 감정이다

하고, 왜 그런지 이해하려 노력하는 것이야말로 우리 모두가 걸어가야 할 길이다.

이제 나는 확신한다. 혐오는 숨겨야 할 부끄러운 감정이 아니라, 우리가 깊이 들여다보고 이해해야 할 존재이다. 그렇게 할 때만 우리는 자신과 사회를 더욱 건강하게 만들 수 있다.

혐오, 감정과 정체성의 교차로

인간은 감정을 가진 존재다. 그리고 감정은 우리 정체성의 한 축을 이룬다. 사랑, 기쁨, 슬픔, 두려움과 함께 분노와 혐오 역시 우리 내면 깊은 곳에서 자라난다. 혐오는 단순한 감정 이상이다. 그것은 때로 개인의 정체성과 사회적 집단 정체성의 교차점에서 복잡하게 얽혀 나타난다.

나는 중국에서의 경험을 통해 이 교차로에서 벌어지는 미묘한 감정의 역학을 깊이 느낄 수 있었다. 한국인이라는 정체성은 나를 규정하는 동시에, 중국이라는 낯선 사회 안에서 끊임없이 시험받는 자리였다. 나를 바라보는 타인의 시선, 나 스스로가 느끼는 소속감과 이질감, 그 사이에서 혐오는 수많은 얼굴로 변주되었다.

혐오는 누군가를 배제하고 경계하는 감정이다. 하지만 그것은 단지 '싫음'이나 '미움'에 그치지 않는다. 혐오는 나의 '나됨'을 확인하고 유지하려는 심리적 기제로 작동한다. 내가 누구인가를 규정할 때, 동시에 나는 '나 아닌 것'과 거리를 두고 그것을 혐오할 때가 많다.

한국 사회 안에서 '중국'이라는 대상은 그런 혐오의 한 축이었다. '중국스럽다'는 말은 단순한 특징을 말하는 것이 아니다. 그것은 부정적인 선입견과 낙인을 내포하며, 나와는 다른 '타자'를 구분 짓는 경계선이었다. 그 말 속에는 '너희는 우리와 다르다'는 메시지가 숨겨져 있다.

나는 이 경계의 중심에서 스스로를 가늠했다. 나는 '한국인'이지만 중국 땅에서 살아가는 이방인이기도 했다. 그래서 나는 종종 '어디에 속하느냐'는 질문 앞에 멈춰 섰다. '나는 누구인가?'라는 질문은 혐오라는 감정을 마주할 때마다 더 무겁고 깊게 다가왔다.

이 혐오라는 감정은 단지 개인의 문제가 아니다. 그것은 사회적이고 집단적인 현상이며, 때로는 정치적 도구로도 악용된다. 국가 간 긴장, 민족 간 갈등, 사회적 불평등과 차별은 모두 혐오의 온상이 된다. 사회는 혐오를 통해 내부 결속을 다지기도 하고, 외부를 배제하거나 공격하기도 한다.

중국에 오래 머무르며 나는 한 가지 분명한 사실을 깨달았다. 혐오는 숨기거나 부정한다고 해서 사라지지 않고 오히려 억압된 혐오는 더 깊고 무서운 형태로 번질 수 있다는 것을. 그래서 우리는 혐오를 외면해서는 안 된다. 그것을 정면으로 바라보고, 그 뿌리를 탐구하며, 왜 그런 감정이 생겨나는지 이해해야 한다.

내가 일했던 회사에서 만난 직원들은 모두 각자의 상처와 편견을 안고 있었다. 어떤 이는 타 지역 출신이라는 이유로, 어떤 이는 외국인이라는 이유로 차별과 소외를 경험했다. 그런 감정들은 자주 갈등으로 폭발했고, 때로는 상처가 되었다.

나는 이 감정들을 무시하지 않았다. 오히려 직원들의 마음속에 자리한 두려움과 불안을 이해하려 노력했다. 왜 그들이 그렇게 느끼는지, 그 뒤에 어떤 역사와 경험이 있는지 듣고자 했다. 그렇게 하면 갈등의 실타래

                                          한국에게 중국은 감정이다

를 풀 수 있을 뿐 아니라, 서로를 이해하는 기반이 마련된다.

혐오는 '무지'에서 자라나는 경우가 많다. 타인을 몰라서, 다름을 인정하지 못해서 혐오가 시작된다. 그렇기에 이해와 소통이 혐오를 해소하는 열쇠다. 다만 그것은 단순한 이성의 문제가 아니다. 감정의 영역을 건드리기에 섬세하고 진지한 노력이 필요하다.

나는 혐오를 감정과 정체성의 복잡한 교차로로 본다. 혐오는 우리 자신을 규정하는 일과 분리할 수 없다. 내가 누구인지, 우리 집단이 누구인지, 그리고 '타인'은 누구인지를 구분 짓는 과정에서 혐오는 자연스럽게 발현된다.

그렇다면 혐오를 완전히 제거하는 것은 가능할까? 아니면 혐오는 인간 사회에서 불가피한 부분일까? 나는 후자에 가까운 입장이다. 혐오는 인간의 본능적 감정 중 하나이며, 완전히 사라질 수는 없을 것이다.

하지만 혐오에 휘둘리지 않고, 그 감정을 '관리'할 수는 있다. 그것이 바로 '분석'이다. 혐오가 왜 생겼는지, 어떤 역사적·사회적 맥락에서 발생했는지, 그리고 개인과 집단에 어떤 영향을 미치는지 냉정하게 살펴야 한다.

나는 매일 스스로에게 묻는다. 내 마음 속에 자리한 혐오는 진짜 나의 감정인가, 아니면 사회가, 환경이, 혹은 내가 속한 공동체가 심어 준 편견인가? 이런 질문들은 비록 고통스럽지만, 동시에 해방의 길이다.

혐오를 마주하고 분석하는 과정은 우리를 자기 자신과 사회에 대한 깊은 통찰로 이끈다. 우리는 그 과정을 통해 우리 내면에 숨겨진 상처와 두려움을 발견하고, 그 상처를 치유하는 첫걸음을 내딛는다.

또한 사회적으로도 혐오를 분석하는 일은 필수적이다. 미디어가 생산하는 이미지, 정치적 선동, 사회적 불평등이 어떻게 혐오를 키우는지, 그리고 그것이 사회 분열과 갈등으로 이어지는지를 이해해야 한다.

나는 이 복잡한 감정의 교차로를 탐험하며, 혐오를 부정하거나 숨기는 대신 직시할 때만이 비로소 치유와 화해의 길이 열릴 수 있다는 확신을 갖게 되었다.

우리는 모두 혐오라는 감정을 안고 살아간다. 그러나 그것에 휘둘리지 않고, 분석하고 이해하는 태도를 갖는다면, 우리는 더 나은 공동체와 자신을 만들어 갈 수 있다.

그 길은 결코 쉽지 않다. 혐오의 뿌리는 깊고, 그 감정은 강렬하다. 하지만 두려움 없이, 회피하지 않고 정면으로 마주할 때, 우리는 한 걸음 더 성장할 수 있다.

가족 내에서 드러난 복잡한 감정의 그늘

나는 오랜 시간 동안 중국에서 살아왔다. 그 경험은 나에게 수많은 깨달음을 주었지만, 무엇보다도 가장 깊은 상처와 감정을 마주하게 된 곳은 다름 아닌 내 가족이었다. 특히 어머니가 겪는 불편함과 갈등은 나 자신조차도 쉽게 이해하기 어려운 복잡한 감정의 층위를 드러냈다.

엄마는 내가 중국인과 결혼하겠다고 처음 말했을 때, 말로 표현할 수 없는 복잡한 감정을 숨기지 않았다. 그 마음은 겉으로는 차분해 보였지만, 나는 눈빛과 표정에서 알 수 있었다. 실망감, 당혹감, 그리고 어쩌면 그 너머의 무언가… 슬픔인지 분노인지, 아마도 그 모든 감정들이 뒤섞여 있었던 것 같다.

한국에게 중국은 감정이다

“왜 하필이면 중국 사람이야?”

“내 딸이 왜 그 사람을 선택했을까?”

그 질문들이 엄마의 머릿속을 끊임없이 맴돌았을 것이다. 누군가에게 말로 꺼내진 적은 없지만, 나는 그것을 너무도 생생하게 느꼈다.

엄마의 불편함은 단지 ‘개인적’인 감정에서 비롯된 것이 아니었다. 그것은 우리 사회가 오랜 세월 품어 온 편견과 기대, 그리고 불안이 뒤섞인 복합적인 무게였다. 엄마는 가족을 대표해, 그리고 동시에 사회가 강요한 ‘정상성’과 ‘우수성’을 지키려는 마음으로 몸부림치고 있었다.

사위가 중국인이라는 사실은 엄마에게 상상 이상의 부담이었다. 그 사실을 주변에 쉽게 말할 수 없다는 불편함, 혹시라도 듣는 이들이 가질 선입견과 비난, 그 모든 시선들이 엄마를 짓눌렀다. '내 딸은 왜 저런 선택을 했을까'라는 후회 같은 감정이 엄마의 마음 깊은 곳에서 꿈틀거렸다.

“사람들이 뭐라 할까?”

“친구들이나 지인들이 이상한 눈으로 보이지 않을까?”

그 두려움은 엄마의 말보다 더 크게, 몸짓과 행동에서 드러났다. 사위와 딸, 그리고 우리 가족 사이에 미묘한 긴장과 거리감이 생기는 이유였다.

엄마는 자신이 겪는 감정을 솔직히 표현하지 못했다. 그럴 용기조차 없었다. 대신 그 불편함은 무심코 던진 말, 어색한 침묵, 때로는 미묘한 냉대와 불안으로 나타났다.

나는 그 모든 순간을 지켜보며 마음이 무너졌다. 엄마를 탓하고 싶지 않았다. 오히려 엄마가 겪는 불편함이 얼마나 큰 고통인지 이해하고 싶었다. 엄마가 겪는 갈등은 나와 전혀 무관하지 않았다. 그것은 바로 우리가 살아가는 사회가 만들어 낸 복잡한 감정의 그늘이었다.

나는 엄마에게 다가가려 했다. 진심으로 엄마의 마음을 듣고 싶었다. 하지만 때때로 엄마는 마음의 문을 굳게 닫았다. 나에게 상처를 주려는 것이 아니라, 스스로를 보호하려는 몸부림이라는 것을 알기에 더욱 안타까웠다.

엄마는 내게 이렇게 말했다.

"내가 너를 사랑하는 만큼, 너도 우리 가족을 이해해 주었으면 좋겠다."

그 말 속에는 깊은 애정과 함께, 그녀가 짊어진 무게가 묻어 있었다.

엄마가 느끼는 불편함은 단순히 가족 문제를 넘어 사회적 차원의 문제였다. 한국 사회가 아직도 '다름'을 인정하고 포용하는 데서 멀리 떨어져 있다는 현실이었다. 엄마는 그 무거운 현실 앞에서 자신과 가족의 존엄을 지키려 애쓰는 중이었다.

이 불편함은 때때로 분노로 표출되기도 했다. "왜 우리는 이렇게 힘들게 살아야 하나?" 하는 절규 같은 울림이 엄마의 마음 깊은 곳에서 터져 나왔다. 그 울림은 나에게도 전해졌고, 나 역시 분노와 슬픔으로 무거워졌다.

나는 엄마와의 대화를 통해 깨달았다. 혐오와 편견은 단지 '밖에 있는 누군가'의 문제가 아니다. 그것은 우리 가족, 우리 마음 속에도 깊이 뿌리내려 있다는 사실을.

이 불편한 진실을 직시하는 것은 고통스러웠다. 하지만 그것이 바로 변화의 시작이었다. 엄마가 느끼는 복잡한 감정의 그늘을 이해하고, 그 속에서 서로에게 손을 내밀 수 있을 때, 우리는 진정한 공감과 화해를 만들어 갈 수 있다.

엄마의 불편함은 나를 성장시켰다. 그것은 내게 가족과 사회, 그리고 나 자신을 더 깊이 들여다보게 하는 거울이었다.

나는 엄마의 마음 속에서 분노와 슬픔, 두려움과 기대가 교차하는 모습을 보았다. 그 복잡한 감정들은 결국 우리 모두가 마주해야 할 현실이었다.

그래서 나는 말한다.

가족 내에서 드러난 혐오와 편견, 그리고 그 그늘을 직시하자. 그 감정을 숨기지 말고, 부정하지 말고, 깊이 들여다보고 이해하자고.

그 안에는 우리 사회의 상처와 희망이 공존한다. 그리고 그 이해가 모여, 진정한 변화와 화해의 씨앗이 될 것이다.

기억과 망각 사이: 역사와 개인의 갈등

역사는 단지 과거의 기록만이 아니다. 그것은 개인의 기억과 집단의 정체성 속에서 끊임없이 재해석되고 재구성되는 살아 있는 이야기다. 특히 한 민족이 겪은 상처와 분열의 기억은, 세대를 거쳐 심연 깊은 곳에 새겨져 개인의 삶과 감정, 그리고 사회적 관계를 형성한다.

나는 이 점을 깊이 깨달았다. 내 안에 자리한 역사적 상처는 단순히 교과서 속 '사건'이 아니었다. 그것은 매일매일 내 마음을 움직이고, 내 감정을 흔들며, 때로는 내 행동까지 좌우하는 무거운 짐이었다.

예를 들어, 내 가족 이야기를 생각해 보자. 할머니가 전해 주던 옛날 이야기 속에는 해방과 분단, 그리고 전쟁의 기억이 고스란히 담겨 있었다. 그 기억들은 단지 사실의 나열이 아니었다. 그 안에는 슬픔과 분노, 좌절과 희망이 뒤섞여 있었다. 한 세대가 경험한 그 고통은 다음 세대로 이어졌고, 그 세대는 다시 후손에게 전했다. 이렇게 역사는 세포처럼 우리 몸 안에 스며들어 있었다.

하지만 동시에 우리는 망각의 유혹과 마주한다. 아픔을 잊고 싶고, 고통에서 벗어나고 싶다. 그 마음은 지극히 인간적이다. 그러나 망각은 때로 상처를 더 깊게 만들고, 치유의 길을 막는다. 역사를 잊는다는 것은 그 상처를 덮는 것이 아니라, 그 상처가 더 깊이 스며들도록 내버려두는 것이다.

이 모순된 감정 속에서 우리는 흔들린다. 기억하되, 그 기억이 우리를 지배하지 않도록 하는 것. 그것이 쉽지 않은 이유다. 나는 내 삶에서, 그리고 우리 사회에서 그 싸움이 얼마나 치열한지를 보았다.

혐오와 두려움의 연쇄: 감정이 만든 사회의 그물망

혐오는 단순한 감정이 아니다. 그것은 두려움과 불안을 바탕으로 만들어진 복잡한 심리적·사회적 현상이다. 그리고 그 그물망은 개인을 넘어 공동체 전체를 얽어맨다.

내가 중국에서 생활하며 몸소 느낀 것은, '타자'에 대한 두려움이 어떻게 혐오로 변하고, 그 혐오가 다시 사회적 편견과 갈등을 강화하는가 하는 점이었다. 중국 사회 내에서도 다양한 민족과 문화가 존재하지만, 그 안에 존재하는 서로에 대한 불신과 편견은 쉽게 사라지지 않았다. 그것은 한국과 중국, 심지어 한중 가족 사이에서도 감정의 골을 깊게 만들었다.

　　　　　　　　　　　　　　한국에게 중국은 감정이다

한국인으로서 중국에서 겪은 나의 일상은 때로 긴장과 불안을 동반했다. '한국인'이라는 정체성은 무거운 책임이자 때로는 타인의 시선에서 오는 불편함을 뜻했다. 나 역시 사회적 혐오의 대상으로 자리할 수 있었고, 그 사실을 인정하고 마주하는 것은 결코 쉽지 않았다.

혐오는 그렇게 자연스레 퍼져 나갔다. 특히 미디어와 인터넷이 발달하면서 혐오는 더욱 확산되고, 증폭되었다. 우리는 온라인 공간에서 끊임없이 '적'을 찾았고, 그것이 결국은 사회의 균열을 키웠다.

그럼에도 불구하고, 나는 혐오가 부정적이기만 한 것은 아니라고 생각한다. 혐오는 우리에게 '위험'을 알리는 본능적인 경고일 수 있다. 중요한 것은 그 감정을 어떻게 이해하고 다루느냐에 있다. 감정을 억압하거나 외면하는 대신, 그 뿌리를 분석하고 마주해야 한다.

나는 개인과 사회가 이 '혐오의 감정'을 건강하게 해석할 수 있어야 진정한 치유와 공존이 가능하다고 믿는다.

공존을 향한 불편한 여정

공존은 이상적인 말처럼 들리지만, 실제로 그 길은 쉽지 않다. 서로 다른 역사와 문화를 지닌 사람들이 모여 사는 공동체에서는 충돌과 갈등이 불가피하다.

나 역시 그런 현실을 몸으로 겪었다. 가족 내에서의 갈등, 사회적 편견과 맞서는 일, 그리고 자신 안에 내재된 감정과 싸우는 과정은 끊임없는 자기 성찰과 용기를 요구했다.

공존을 위한 첫걸음은 '이해'다. 상대방의 상처와 두려움을 인정하고, 자신의 감정을 숨기지 않으면서도 상대방의 입장을 헤아리는 것이다. 이를 통해 우리는 서로를 '적'이 아니라 '이해해야 할 존재'로 바라볼 수 있다.

하지만 이 과정에서 우리는 자주 실망하고 좌절한다. 서로 다른 배경과 경험이 빚어내는 오해와 불신은 쉽게 지워지지 않기 때문이다. 그럼에도 불구하고 포기할 수 없는 이유는, 공존만이 우리 미래를 위한 유일한 길이기 때문이다.

나는 이 길에서 '감정의 교육'이 얼마나 중요한지 깨달았다. 감정을 억압하거나 무시하는 대신, 그것을 인지하고 조절하는 능력은 개인뿐 아니라 사회 전체의 건강을 결정짓는다.

그 여정은 느리고 험난하다. 그러나 나는 믿는다. 우리가 서로의 감정을 마주하고, 역사적 상처를 직시하며, 끊임없이 대화와 이해를 시도할 때 비로소 평화로운 공존이 가능해진다고.

치유와 용서, 그리고 새로운 시작

역사의 상처는 깊고 아프다. 하지만 그 상처를 딛고 서지 않으면 미래는 없다. 치유는 말처럼 쉽지 않다. 그 과정은 고통스럽고, 때로는 무력감을 느끼게 한다. 하지만 치유가 없다면 상처는 곪아 터지고, 새로운 갈등과 혐오를 낳는다.

나는 이 사실을 몸소 체감했다. 가족 간에도, 사회 속에서도 수많은 상처가 존재한다. 그 상처들이 모여 우리 공동체의 정체성을 흔들고, 미래의 희망을 가로막는다. 하지만 그 상처 앞에서 우리는 멈춰 서지 말아야 한다.

치유의 시작은 '용서'에서 출발한다. 용서는 결코 잊거나 과거를 무조건 받아들이는 것이 아니다. 용서는 자신의 고통에서 벗어나 자유로워지는 선택이다. 그것은 상대방을 위한 행위이기도 하지만, 무엇보다 자기 자신을 위한 것이다.

용서가 어려운 이유는, 그 대상이 '적'이라고 생각하는 사람일 때 더욱 그렇다. 적은 나를 아프게 했고, 우리를 분열시켰다. 하지만 용서하지 않고 증오만 키운다면, 우리는 그 적과 다를 바 없는 어둠 속에 머무를 뿐이다.

나는 우리의 역사 속에서 용서의 씨앗을 보았다. 오랜 갈등과 분쟁 끝에 서로 손을 맞잡은 순간들, 고통을 공유하며 아픔을 인정한 순간들이 바로 그것이다. 그 순간들은 작지만 강력한 희망이었다.

대화의 힘과 공감의 확장

우리가 서로를 이해하는 데 가장 강력한 도구는 '대화'다. 대화는 단순한 말의 교환이 아니라, 마음을 여는 행위다. 그것은 서로의 상처를 듣고, 서로의 두려움을 공유하는 과정이다.

내가 중국에서 경험한 가장 큰 교훈도 바로 이것이었다. 서로의 문화와 역사가 달라도, 서로가 가진 감정을 인정하고 공감하려는 태도는 다리를 놓는 일이다.

공감은 단순한 동정이 아니다. 그것은 타인의 아픔을 내 아픔처럼 느끼고, 그 감정을 토대로 행동을 변화시키는 능력이다. 공감이 확장될 때 사회는 더욱 건강해지고, 갈등은 줄어든다.

그렇기에 우리는 끊임없이 대화의 장을 열어야 한다. 각자의 목소리를 내고, 그 목소리를 경청해야 한다. 그리고 그 과정에서 서로의 다름을 인정하고 존중하는 태도를 배워야 한다.

하지만 대화는 언제나 쉽지 않다. 특히 상처가 깊고 감정이 격렬할 때는 더욱 그렇다. 그럴 때일수록 인내와 용기가 필요하다. 지금은 우리가 그 용기를 내야 할 때이다.

미래를 위한 책임과 선택

과거는 우리의 일부지만, 미래는 우리의 선택에 달려 있다. 우리가 지금 어떤 마음가짐으로 서로를 대하느냐에 따라 앞으로의 길은 달라진다.

혐오와 갈등의 고리를 끊고, 상처를 치유하며, 공존을 위한 길을 걷는 것은 우리 모두의 몫이다. 그것은 결코 누군가만의 책임이 아니다. 개인과 공동체, 국가와 국제사회가 함께 짊어져야 할 무거운 짐이다.

나는 우리 세대가 그 책임을 져야 한다고 생각한다. 과거의 상처를 인정하고, 그 상처 속에서 배우며, 더 나은 미래를 만들어야 한다.

그 미래는 평화와 이해, 공존의 가치가 살아 숨 쉬는 세상일 것이다. 그 세상에서 우리 아이들은 증오 대신 사랑을 배우고, 분열 대신 화합을 경험할 것이다.

이 여정은 쉽지 않겠지만, 우리는 이미 첫걸음을 내디뎠다. 우리의 역사

　　　　　　　　　　　　　　한국에게 중국은 감정이다

와 감정, 정체성을 마주하며 성찰한 그 순간부터가 시작이었다.

이 긴 여정을 돌아보며 나는 다시 묻는다. "나는 누구인가?" "나는 어떤 존재로 남을 것인가?"

지금 우리는 혐오와 분노, 두려움과 상처는 나의 일부지만, 그 감정에 휘둘리지는 않아야 한다. 대신 그 감정을 직시하고, 그 의미를 이해하며, 나와 우리 사회를 더 건강하게 만들 힘으로 바꾸겠다고 결심해야 할 때다.

이것이 내가 바라는 진정한 자유이며, 우리 모두가 함께 이뤄 가야 할 평화의 시작일 것이다.

2

배울 것은 배우고,
버릴 것은 버려야 한다

중국이라는 거대한 나라와의 25년은 내 삶에 깊은 자국을 남겼다. 그 긴 시간 동안 나는 중국의 빛과 그림자, 발전과 갈등, 전통과 현대가 뒤엉킨 모습을 지켜보며 배우고 깨달았다. 이 경험은 단순히 한 나라를 이해하는 차원을 넘어, 나 자신의 정체성과 감정, 그리고 세상을 보는 눈까지 바꾸는 여정이었다.

나는 늘 생각했다. '중국은 우리와 뿌리 깊은 동아시아 문화권을 공유하면서도 왜 이렇게 다를까?' 그 차이는 단지 언어나 음식, 생활방식에만 머무르지 않았다. 그들은 국가를 운영하는 방식부터, 미래를 계획하는 사고방식까지 우리와는 전혀 다른 길을 걷고 있었다.

이 긴 여정에서 나는 두 가지 중요한 원칙을 마음에 새겼다. 첫째, 배울 것은 배워야 한다는 것이다. 그들이 이룩한 눈부신 경제 성장, 거대한 인프라 프로젝트, 미래 지향적 과학기술 투자는 우리의 발전에도 본받을 점이 많다. 둘째는 버릴 것은 과감히 버려야 한다는 것이다. 그 속에는 권위주의적 정치 체제, 개인의 자유를 억압하는 감시와 검열 문화가 존재했다. 이를 외면하거나 맹목적으로 수용하는 것은 우리 사회에 치명적인 독

한국에게 중국은 감정이다

이 될 수 있다.

역동적인 현실과 권위주의의 그늘

중국 사회는 빠른 경제 발전과 첨단 기술 도입으로 세계의 주목을 받고 있다. 그러나 그 이면에는 권위주의 체제가 드리운 무거운 그림자가 존재한다. 표현의 자유가 제한되고, 감시와 검열이 일상화된 현실은 단순한 정치적 문제가 아니라 개인의 삶과 생각까지 억압하는 심각한 문제로 다가온다.

이러한 현실은 중국 사회의 복잡한 층위를 이해하는 데 중요한 맥락을 제공한다. 경제적 번영과 사회적 통제, 발전과 제한 사이에서 균형을 찾으려는 시도들이 곳곳에서 나타난다. 사회 구성원들은 점차 변화하는 환경에 적응하며, 때로는 제도적 한계와 개인의 자유 사이에서 갈등하는 모습을 보이기도 한다.

그럼에도 불구하고 중국 사회를 단순히 거부하거나 부정적으로만 바라보는 것은 피해야 한다. 중국은 오랜 역사와 문화를 바탕으로 독특한 가치 체계를 형성해 왔고, 그 속에서 우리가 배울 점도 분명히 존재한다. 오늘날의 중국은 '좋다' 혹은 '나쁘다'는 이분법적인 시각으로 설명하기 어려운 다층적인 현실이다.

따라서 우리는 중국 사회의 발전과 그 안에 내재한 권위주의적 한계를 함께 바라보며, 보다 깊고 균형 잡힌 이해를 추구해야 한다. 그래야만 앞으로의 변화와 협력 가능성을 모색할 수 있을 것이다.

한국 사회의 양극단, 그리고 균형의 필요성

오늘날 한국 사회에서는 '친중'과 '혐중'이라는 극단적인 감정이 팽배하다. 어느 한쪽도 절대적 진실은 아니다. 우리는 그 사이에서 균형을 찾고, 보다 넓고 깊은 이해를 추구해야 한다.

나는 수많은 대화를 통해 두 극단의 목소리를 들었다.

"중국이니까 무조건 경계해야 한다."

"중국의 발전을 무시하지 말고 배우자."

이 두 시각 모두 일면 타당한 점이 있지만, 어느 하나에만 몰두하면 진실을 놓친다. 성숙한 사회는 감정을 적절히 분별하고 관리할 줄 아는 사회다. 장기적인 국가 이익과 국민 행복을 위해 우리는 감정을 컨트롤하는 법을 배워야 한다.

중국과의 관계는 역사적 감정과 현실 사이에서 줄타기하는 일이다. 이 균형을 잃으면 우리는 감정에 휩쓸려 극단으로 치닫거나, 냉혹한 계산 속에서 인간미를 잃게 된다.

중국과 나: 배움과 경계의 이중주

중국이라는 거대한 나라를 25년 넘게 가까이서 바라본 경험은 나에게 끝없이 복합적인 감정과 깊은 성찰을 안겨 주었다. 처음 중국에 발을 디딘 그 순간부터, 나는 그곳이 단순한 이웃 나라 이상의 의미임을 알았다. 문화적으로 우리와 닮은 점이 많지만, 동시에 우리가 상상하지 못하는 방식으로 국가를 운영하고, 세상을 해석하는 곳이었다. 동아시아라는 한 울타리 안에 있으면서도 그들과 우리 사이에는 알게 모르게 거대한 이질감이 존재했다.

나는 중국의 발전 속도에 늘 놀랐다. 현대적인 도시 풍경, 거대한 인프라 프로젝트, 세계를 향한 과학기술의 도전은 눈부셨다. 서울의 거리에서 느낀 것보다 더 역동적이고 변화무쌍한 풍경들이 내 눈앞에 펼쳐졌다. 그러나 그 이면에는 권위주의적 통제가 숨 쉬고 있었고, 개인의 자유가 무겁게 억눌려 있었다. 감시와 검열, 표현의 자유 제한은 말하지 않아도 모두가 아는 현실이었다. 나는 이 두 얼굴을 동시에 보아야 했다.

중국에서 직접 경험한 현실은 그 무엇도 단순하지 않았다. 나는 인사팀장으로서 매일 수많은 사람들의 미묘한 감정과 복잡한 관계를 관리하며 배움과 갈등 사이를 오갔다. 때로는 강한 혐오와 오해, 때로는 깊은 이해와 공감적 유대가 뒤섞인 감정의 소용돌이를 겪었다. 그 안에서 나는 혐오가 단순한 '싫음'이 아니라 우리 내면 깊은 정체성과 맞닿아 있음을 깨달았다.

그렇기에 혐오를 무조건 부정하거나 억누르는 것은 해결책이 될 수 없다. 감정을 솔직히 인정하고, 왜 그런 감정이 생겼는지 스스로 분석하는 것이 필요하다. 나는 종종 스스로에게 묻는다. '내가 느끼는 혐오는 어디서 온 것인가? 진짜 내 마음인가, 아니면 사회가 심어 준 편견인가?' 이러한 자문과 반성이 내가 살아가는 데 필수적임을 깨달았다.

내 삶 자체가 '배움과 버림'의 연속이었다. 한국인으로서의 자부심과 정체성을 지키면서도, 중국인 남편과 가정을 꾸리며 이중의 시선을 견뎌야 했다. 가족 내에서마저 나는 '한국인 아내', '중국인 남편'이라는 정체성의 경계에 서 있었다. 특히 엄마로서 자녀들이 두 나라의 문화를 균형 있게 이해하고 편견 없이 자라길 바라는 마음은 늘 깊었다.

한국 사회는 현재 '친중'과 '혐중'이라는 극단적인 감정에 휩싸여 있다. 이 두 갈래 길에서 어느 쪽도 정답은 아니지만, 우리는 한쪽으로 치우치지 않는 균형 잡힌 시각을 갖는 법을 배워야 한다. 감정에 휘둘리는 대신, 감정을 인지하고 조절하며, 냉철한 판단과 따뜻한 이해를 함께 가져야 한다.

중국과 한국, 경계와 공존 사이에서

중국과의 관계는 늘 복잡하고 미묘하다. 우리가 지금까지 지켜본 중국은 단순한 '이웃 나라' 이상의 존재다. 그곳은 거대하고 역동적인 사회이면서 동시에 권위주의적이고 통제적인 현실이 공존하는 공간이다. 중국이 보여 주는 발전과 도전은 우리에게 많은 것을 가르치지만, 그 이면에 숨겨진 감시와 억압의 그림자를 외면할 수 없다.

나는 중국에서 장기 거주한 한국인으로서 늘 이러한 이중적인 시선을 견뎌야 했다. 한국인으로서의 자부심을 지키고 싶었지만, 중국에서 살아가는 삶은 항상 균형을 요구했다. 단순히 '친중'이나 '혐중'이라는 극단적인 감정에 머무를 수 없었다. 사회와 개인이 공존하는 현실은 언제나 복잡하고 다층적이다. 이 감정을 어떻게 다룰 것인지, 무엇을 받아들이고 무엇을 버릴 것인지 고민하지 않을 수 없었다.

내가 자녀들에게 가장 많이 말하는 것도 '균형 잡힌 시선'이다. 한국과 중국 두 문화 사이에서 자라나는 그들에게는 편견 없는 객관적 인식이 무엇

한국에게 중국은 감정이다

보다 중요하다. 한쪽에 치우친 시각은 결국 혼란과 갈등을 낳기 때문이다.

우리 사회는 '친중'과 '혐중' 사이에서 심한 갈등과 분열을 겪고 있다. 어느 한쪽 극단에 빠지면 진정한 이해는 불가능하다. 감정에 휩싸여 상대를 미워하거나 무조건 옹호하는 태도는 사회적 긴장을 높이고 갈등을 심화시킬 뿐이다. 성숙한 사회는 이런 감정을 인지하고, 분별하며, 다스릴 줄 아는 지혜를 가져야 한다. 우리 모두가 배워야 할 가장 중요한 교훈이다.

중국과 한국의 관계는 단순히 두 나라의 문제가 아니라 우리 각자의 마음속 문제이기도 하다. 역사적 상처와 감정의 골이 깊지만, 그렇다고 감정에만 사로잡혀서는 미래를 만들 수 없다. 우리는 냉철한 현실 인식과 따뜻한 공감 사이에서 균형을 찾아야 한다.

내가 중국에서 본 것은 단지 성장하는 경제 대국만이 아니었다. 그 속에는 자유가 제한되고 감시가 일상화된 사회, 개인의 권리가 억압받는 현실이 공존했다. 우리는 이런 현실을 무조건 받아들이거나, 반대로 혐오에만 집중해도 안 된다. 우리에게 필요한 것은 현실을 정확히 이해하고, 그 안에서 우리가 지켜야 할 가치를 분명히 하는 일이다.

또한, 중국과의 관계에서 감정은 중요한 요소다. 분노, 두려움, 불안은 자연스러운 인간의 반응이지만, 그것에 휘둘릴 때 우리는 스스로를 잃는다. 감정을 인지하고 분석하는 능력은 우리 사회가 성숙해지기 위한 필수적인 자산이다. 감정을 솔직하게 마주하되, 그 감정이 우리의 판단과 행동을 지배하지 않도록 해야 한다.

나는 오늘도 스스로에게 묻는다. '우리는 무엇을 배우고, 무엇을 버릴 것인가?' 이 질문은 단순한 개인적 성찰을 넘어 우리 사회가 나아갈 길을 가리키는 등불이다. 감정과 이성이 맞닿는 그 지점에서, 우리는 더 나은 미래를 꿈꾸고 만들어 갈 수 있다.

중국과 한국 사이의 경계에서 균형을 잡는 일은 쉽지 않다. 하지만 그 길을 걸어가는 과정에서 우리는 한층 더 성숙해지고, 더 깊은 이해를 얻을 것이다. 결국, 배움과 경계, 사랑과 비판이 공존하는 이 복잡한 관계 속에서 우리는 새로운 길을 찾아야 한다.

이것이 우리 모두가 함께 고민해야 할 숙제이며, 나아가야 할 길이다. 나는 그 길을 묵묵히 걸어가며, 우리가 모두 조금씩 더 현명해지길 바란다.

3

한국이 선택해야 할 성숙한 태도

불안의 시대, 우리는 무엇을 준비해야 하는가

세계는 지금 분명히 이전과 다른 국면으로 접어들고 있다. 안정이라는 단어가 더 이상 기본값이 아닌 시대다. 미국과 중국의 패권 경쟁은 단순한 외교 갈등이나 무역 분쟁의 차원을 넘어서 이미 세계 질서 전반을 재편하는 단계로 들어섰다. 기술, 에너지, 금융, 공급망, 안보까지 모든 영역이 정치화되고 있으며, 국가 간 경쟁은 협력보다는 차단과 통제의 언어로 설명되고 있다. 과거에는 경제와 정치를 분리해 사고할 수 있었지만, 지금은 그 경계가 거의 사라졌다. 세계화는 멈췄고, 각 국가는 다시 자기 편을 나누는 방식으로 움직이고 있다. 이런 변화는 어느 한 국가만의 문제가 아니라, 세계 전체가 동시에 겪고 있는 구조적 전환이다.

전쟁 역시 더 이상 예외적인 사건이 아니다. 여전히 끝나지 않은 전쟁들이 존재하고, 새로운 분쟁의 가능성은 곳곳에서 상시적으로 언급된다. 유럽은 한때 안정과 번영의 상징이었지만, 이제는 에너지 위기와 물가 상승, 안보 불안 속에서 과거의 자신감을 잃어 가고 있다. '전쟁은 과거의 일'이라는 믿음은 무너졌고, 사람들은 언제든 상황이 급변할 수 있다는 불안 속에서 살아가고 있다. 이 불안은 뉴스 속 사건으로만 존재하지 않는다. 물가, 일자리, 삶의 계획, 미래에 대한 기대까지 직접적으로 영향을 미친다.

기술의 발전이 이러한 불안을 상쇄해 주고 있는지도 의문이다. 인공지능의 급속한 발전은 삶을 편리하게 만들었고, 생산성과 효율성을 크게 끌어올렸다. 그러나 동시에 사람들은 자신이 더 이상 필요 없는 존재가 되는 것은 아닐지, 지금 하고 있는 일이 언제 사라질지 모른다는 불안을 함께 떠안고 있다. 기술은 문제를 해결하는 동시에 새로운 문제를 만들어 낸다. 특히 인공지능은 단순 노동뿐 아니라 전문직과 지식 노동의 영역까지 빠르게 침투하고 있으며, 그 변화의 속도는 개인이 대비할 수 있는 범위를 훨씬 넘어선다. 사람들은 미래를 준비하기보다, 미래가 자신을 어떻게 바꿔 놓을지 두려워하고 있다.

한국 사회 역시 이러한 변화에서 결코 자유롭지 않다. 오히려 구조적으로 더 취약한 위치에 놓여 있다고 보는 편이 현실적이다. 출산율은 세계 최저 수준으로 떨어졌고, 고령화는 이미 사회 전반에 부담으로 작용하고 있다. 인구 구조는 빠르게 왜곡되고 있으며, 노동력과 복지, 재정 문제는 서로 얽혀 복잡한 압박을 만들어 내고 있다. 수도권 집중은 더욱 심화되고 지방은 빠르게 소멸의 길로 들어서고 있다. 미래를 책임져야 할 청소년과 청년층은 OECD 국가 중 가장 높은 자살률이라는 통계로 한국 사회의 현재를 보여 주고 있다. 이는 개인의 선택이나 심리 문제로 설명될 수 있는 수준을 넘어선다. 사회가 다음 세대에게 어떤 미래를 제시하고 있는지에 대한 근본적인 질문이 필요하다.

그럼에도 불구하고 한국 사회는 여전히 과거의 성공 경험에 기대어 현

한국에게 중국은 감정이다

재를 설명하려는 경향이 강하다. '한강의 기적'은 분명 자랑스러운 역사이지만, 그 기억이 지금의 복잡한 문제들을 해결해 주지는 않는다. 과거의 방식이 더 이상 작동하지 않는다는 사실을 인정하지 않으려는 태도는, 오히려 미래를 더 불확실하게 만든다. 지금의 변화는 과거보다 훨씬 빠르고, 훨씬 복합적이며, 단일한 해답을 허용하지 않는다. 그럼에도 우리는 여전히 익숙한 언어와 감정으로 현실을 단순화하려 한다.

이 책에서 다뤄 온 중국을 향한 감정 역시 이러한 시대적 불안과 깊이 연결되어 있다. 외부 환경이 불안정해질수록 사회는 설명 가능한 대상, 분노를 투사할 수 있는 대상을 필요로 한다. 중국은 한국 사회에서 그런 역할을 떠맡게 된 존재다. 그러나 중국을 향한 감정의 증폭은 단지 외교나 역사 문제의 결과만은 아니다. 그것은 한국 사회가 변화하는 세계 속에서 자신의 위치와 방향을 명확히 정리하지 못한 상태에서 나타나는 하나의 반응에 가깝다. 감정은 원인이 아니라 결과일 수 있다.

지금 우리에게 필요한 것은 누군가를 더 강하게 비난하는 언어가 아니다. 혐오나 분노를 통해 미래를 설계할 수 있는 사회는 없다. 필요한 것은 우리가 어떤 시대를 살고 있는지, 무엇을 두려워하고 있는지, 그리고 그 두려움이 어디에서 비롯되었는지를 차분하게 점검하는 일이다. 중국을 바라보는 감정을 분석하는 일은 결국 한국 사회가 스스로를 점검하는 과정과 연결된다. 이 책이 중국을 설명하는 데서 멈추지 않는 이유도 여기에 있다.

급격한 변화의 시대에는 낙관도 비관도 모두 위험하다. 중요한 것은 감정을 없애는 것이 아니라, 감정이 판단을 대신하지 않도록 관리하는 능력이다. 미래를 준비한다는 것은 거창한 예측을 하는 일이 아니라, 지금 우리가 무엇에 반응하고 무엇을 놓치고 있는지를 정확히 인식하는 일이다. 변화의 속도가 빠를수록 성찰은 선택이 아니라 생존의 조건이 된다. 우리는 과연 이 시대를 감정으로만 통과하려 하고 있는 것은 아닌가, 그리고 그 대가는 결국 누가 치르게 될 것인가.

감정을 마주할 용기: 편견과 선입견의 실체

우리는 살면서 수없이 많은 감정을 만난다. 기쁨과 슬픔, 사랑과 미움, 희망과 절망이 우리의 일상에 교차한다. 그중에서도 특히 '혐오'와 '편견' 같은 감정은 우리 마음속 깊이 파고들어 오랫동안 그 자리를 지키며 삶을 무겁게 짓누른다. 이 감정들은 종종 우리가 스스로 깨닫지 못하는 사이에, 무의식의 어둠 속에서 퍼져 나가며 개인과 사회 모두에 깊은 상처를 남긴다.

이 책을 다 읽고 나서 당신은 아마 이렇게 질문할 것이다. '나는 지금까지 얼마나 감정에 휩싸여 있었을까?', '내 마음속에 자리한 편견과 선입견은 어디에서 비롯된 것일까?' 그리고 '내가 믿고 있는 진실은 과연 진짜일까?' 이 질문들은 단순한 호기심이나 지적인 탐구를 넘어, 우리 존재의 근원과 맞닿은 문제이다.

감정을 숨기거나 억누르는 것은 결코 해답이 아니다. 감정을 감추는 행위는 불씨를 더 깊은 곳에 묻어 두는 것과 같다. 그 불씨는 언젠가 강한 불길이 되어 우리 삶을 삼키려 할지 모른다. 진정한 용기란 우리 안에 솟아나는 감정을 정직하게 마주하는 데 있다. 그 감정이 왜 생겼는지, 어떤 뿌

한국에게 중국은 감정이다

리와 역사를 가지고 있는지를 이해하려 노력하는 것이다.

우리가 역사 속에서 겪은 그 격변과 고통은 지금도 우리 마음 한구석에 깊은 상처로 남아 있다. 이 상처가 치유되기보다 잔혹한 편견과 혐오로 변질될 때, 우리 사회는 깊은 혼란에 빠진다. 그래서 우리는 자주 '왜 이렇게 쉽게 화를 내고, 쉽게 적을 만들까'라고 자문한다. 하지만 이 물음은 감정을 단순히 부정하거나 억누르려는 것이 아니라, 그 뿌리까지 파고들어 성찰하려는 첫걸음이어야 한다.

편견과 선입견의 그림자

편견과 선입견은 단순히 '틀린 생각'이나 '잘못된 인식'에 머무르지 않는다. 그것들은 우리 정체성의 한 부분으로 깊이 뿌리내린 감정과 연결되어 있다. 나는 누구인지, 내가 속한 집단은 어떤 정체성을 가지는지, 그 집단이 어떻게 생존하고 존중받아야 하는지를 스스로 증명하려는 무의식적 욕구가 편견을 만들어 낸다.

한국과 중국, 한국과 일본 사이에 얽힌 감정은 단순한 국익이나 이성적 판단을 넘어선다. 그 사이에 자리한 분노와 미움은 과거사와 문화적 기억, 그리고 개인적 경험과 얽히며 복잡한 정서의 그물망을 형성한다. 그 그물망 속에서는 어떤 정보도 쉽게 객관적 사실로 받아들여지지 않는다. 우리는 이미 갖고 있는 감정과 신념을 확인하는 정보만 받아들이고, 나머지는 거부하거나 외면한다.

이 현상은 '확증 편향'이라 불린다. 자신이 믿고 싶은 것만 믿으려는 인간 심리의 한계다. 이 한계 앞에서 우리는 얼마나 스스로를 객관적으로 볼 수 있을까? 얼마나 용기 내어 내 안의 편견을 인정하고 그것과 싸울 수 있을까?

나를 바라보는 거울, 타인과의 관계

편견은 개인의 내면에만 머무르지 않는다. 그것은 사회적 관계 속에서 '타인'을 규정하고 경계 짓는 도구가 된다. '우리'와 '그들'을 구분하고, '우리'의 정체성을 강화하기 위해 '그들'을 배제하거나 혐오한다.

하지만 이 경계 짓기는 대개 허상에 불과하다. 타인을 '다르다'는 이유만으로 적대시할 때, 우리는 자신의 모습을 거울에 비춰 보지 않는다. 편견과 혐오는 타인을 향한 공격이자, 동시에 자기 자신에 대한 부정이기도 하다. 그 부정의 무게는 결국 우리 각자의 삶과 공동체를 짓누른다.

당신이 만약 누군가를 미워하거나 두려워하는 마음을 가졌다면, 그 마음이 어디서 왔는지 한 번만 깊이 들여다보길 바란다. 그 속에는 당신이 알지 못하는 당신 자신에 대한 두려움, 상처, 그리고 갈망이 숨겨져 있을지도 모른다.

마음속 깊은 곳에 남겨진 의문

지금 이 글을 읽으며 당신 안에도 복잡한 감정이 울렁이고 있을 것이다.

한국에게 중국은 감정이다

분노, 슬픔, 미움, 불안, 혹은 무기력감까지. 그 모든 감정은 당신이 살아온 이야기의 일부다. 그 감정을 부정하거나 외면하지 말라. 오히려 그 감정에 귀 기울이고, 왜 그런지 당신 자신에게 직접 물어보라.

'내가 이토록 화가 나는 이유는 무엇인가?'

'내가 미워하는 사람, 집단을 바라볼 때 내 마음속에 어떤 두려움과 상처가 있는가?'

'내가 가진 편견은 어디에서 왔으며, 그 편견을 넘어서려면 어떻게 해야 할까?'

이 질문들은 결코 쉽지 않지만 그 질문에 답하는 과정에서 우리는 비로소 '진짜 나'를 만나게 된다. 그리고 그 진짜 나는 편견과 혐오를 넘어 타인을 이해하고, 자기 자신을 사랑할 수 있는 힘을 가진다.

감정을 넘어서는 길: 성찰의 여정

편견과 혐오는 인간에게 자연스러운 감정이지만, 그것에 휘둘린다면 우리는 자신을 잃고 만다. 그러나 그 감정을 숨기지 않고, 냉정하게 바라보고, 그 뿌리를 찾아내어 성찰한다면, 감정은 우리를 더 강하게 만든다.

감정을 통제하는 능력은 곧 자기 자신을 통제하는 힘이다. 우리는 그 힘을 통해 우리 사회가 더 건강하고 평화로워지는 길을 걸을 수 있다. 지금 이 순간에도 우리 내면에서는 싸움이 벌어진다. 편견과 혐오가 솟구치기도 하고, 이해와 연민이 싹트기도 한다.

우리에게 필요한 것은 그 싸움의 과정에서 스스로를 잃지 않는 것이다.

그리고 그 싸움 자체가 우리를 성장시키는 여정임을 인정하는 것이다.

감정의 격랑 속에서 균형 잡기

우리 사회는 언제나 감정의 격랑에 휩싸인다. 정치적 대립부터 역사적 감정, 그리고 국제 관계에 이르기까지, 복잡한 갈등의 물결은 개인의 마음을 뒤흔들고 공동체를 갈라놓는다. 특히 한국은 그러한 감정의 소용돌이가 매우 격렬한 사회다. 과거의 상처와 민족적 자부심, 현실의 복잡한 국제적 환경이 뒤섞여, 감정은 때로 무거운 짐이자 불가피한 현실이 된다.

하지만 감정이 전부는 아니다. 감정의 파도 속에서 균형을 찾는 일은 마치 불안한 바다 위에서 뱃머리를 바로잡는 일과 같다. 어느 한쪽으로 치우치면 선박은 전복되지만, 적절한 조정과 끈질긴 노력으로 우리는 흔들림 없는 방향을 잡을 수 있다.

한국 사회의 '친중'과 '혐중' 논쟁은 이 균형감각의 중요성을 절실히 보여 준다. 서로 다른 목소리가 존재하는 것은 건강한 사회의 징표지만, 그 극단은 사회 분열과 깊은 상처를 만든다. 우리는 감정에 휩쓸리기보다 그 감정을 들여다보고, 왜 그런 감정이 생기는지 스스로 묻고 답해야 한다.

감정의 흐름을 인정하면서도, 그 안에 숨은 두려움과 불안, 편견의 뿌리를 찾아내는 일이 선행되어야 한다. 그래야만 우리는 자기 자신과 사회를 향해 진정한 이해와 배려를 펼칠 수 있다.

질문하며 배우는 태도: 균형과 성찰의 힘

진정한 균형은 의심과 질문에서 시작된다. 우리는 흔히 '확실한 것'만을 믿으려 하고, 자신과 다른 생각은 쉽게 배척한다. 하지만 성숙한 사회는 끊임없이 질문하고, 자기를 돌아보며, 다른 관점을 수용하는 태도를 갖는다.

'나는 왜 이런 감정을 느끼는가?' '내가 믿는 정보는 얼마나 객관적인가?' '내가 놓치고 있는 시각은 무엇인가?' 이러한 질문은 자신뿐 아니라 사회를 위해 반드시 필요하다. 특히 한국 사회가 겪는 역사적 트라우마와 감정적 갈등은 질문과 성찰 없이는 해소될 수 없다.

이 과정은 고통스럽고 혼란스러울 수 있다. 자신이 믿어 왔던 가치가 흔들리고, 편견이 드러나기도 한다. 하지만 이 고통은 성장의 징표이기도 하다. 질문하고 성찰하며 우리는 단순한 '감정의 노예'가 아닌, 감정을 지혜로 승화시키는 존재가 된다.

질문하는 마음은 우리를 더욱 넓고 깊게 만든다. 단편적인 감정에서 벗어나 전체를 조망하게 하고, 다른 이의 아픔과 생각에 귀 기울이게 한다. 이 작은 변화들이 모여 사회는 조금씩 성숙해진다.

우리 앞에는 여전히 수많은 도전과 과제가 놓여 있다. 갈등과 대립, 편견과 오해는 사회를 계속 시험할 것이다. 그러나 우리가 감정을 직시하고, 질문하며, 이해하려는 노력을 멈추지 않는 한, 미래는 희망적이다.

성숙한 사회란 결국 '서로 다른 마음을 품은 사람들이 함께 걸어가는 길'이다. 각자의 상처와 감정을 존중하고, 그 위에 새로운 신뢰와 공감과 유대를 쌓는 일이다. 이것은 쉬운 길이 아니지만, 피할 수 없는 우리 모두의 과제다.

진정한 변화는 내면에서 시작된다: 질문과 성장의 여정

우리는 누구나 자신도 모르게 편견이라는 감옥 속에 갇혀 살아간다. 편견은 오래된 상처와 불안, 그리고 타인과 자신에 대한 두려움에서 뿌리를 내린다. 그것은 무심코 내뱉는 말 한마디, 심장 깊은 곳에서 맴도는 감정의 한 조각으로 나타난다.

'내가 가진 생각이 과연 진실인가?'라는 질문 앞에서 많은 이들은 불편함을 느낀다. 편견을 인정하는 것은 자신의 자아를 흔드는 일이기 때문이다. 하지만 변화는 이 불편함을 외면하지 않고 정면으로 바라볼 때 시작된다.

내 안의 편견과 마주하는 과정은 마치 어두운 동굴을 헤쳐 나가는 여행과 같다. 불확실하고 두렵지만, 그 어둠을 뚫고 나서야 비로소 진정한 자유와 성장이 찾아온다. 편견을 깨뜨리는 순간, 우리는 타인뿐 아니라 자신을 향한 깊은 이해와 용서를 경험한다.

이 과정은 우리 모두에게 필요한 필연적인 통과의례다. 혼자서도 가능하지만, 함께 나누고 토론할 때 더 깊고 넓게 확장된다. 우리 사회가 성숙하려면 개인이 먼저 자신과 타인의 편견을 인정하고 극복하는 노력을 해야 한다.

질문은 단순한 의심을 넘어서 삶의 방향을 바꾸는 힘을 지닌다. 어린아이처럼 호기심 가득한 눈으로 세상을 바라보고, '왜?'를 끊임없이 묻는 자세는 우리 내면에 숨겨진 지혜와 용기를 깨운다.

'나는 왜 이렇게 생각할까?' '내 감정의 근원은 무엇일까?' '내가 믿는 진실은 어디까지 사실일까?' 이 질문들은 우리를 자기 자신과 세상에 더욱 가까이 다가가게 만든다.

질문하는 삶은 결코 편안한 길이 아니다. 익숙한 믿음이 흔들리고, 때로는 외로움과 고독을 마주해야 한다. 하지만 그 길 끝에는 깊은 자기 이해와 새로운 세계가 기다린다.

한국 사회가 감정의 소용돌이에 휩싸인 지금, 우리는 더욱 질문하는 힘이 필요하다. '분노' '혐오' '편견'이라는 감정의 파도를 넘어서기 위해서는 스스로 묻고 답하는 용기가 절실하다.

이 용기 있는 질문들이 모여 우리 사회의 집단 지성을 키우고, 감정에 휘둘리지 않는 성숙한 공동체를 만든다. 그래서 나는 이 질문의 힘을 누구보다 믿는다.

성찰은 단순한 반성이 아니다. 그것은 내면 깊은 곳의 목소리에 귀 기울이고, 자신과 세상을 향한 사랑과 책임을 새롭게 깨닫는 행위다. 성찰이 없으면 우리는 같은 실수를 반복하고, 감정의 굴레에 갇혀 헤어 나오지 못한다.

내면의 성찰은 우리 모두가 치유와 변화를 향해 나아가는 첫걸음이다. 상처받은 마음을 보듬고, 서로의 차이를 존중하며, 진실한 공감을 배우는 길이다.

이 길은 혼자가 아닌 '함께' 걷는 길이어야 한다. 각자의 성찰이 모여 사회 전체의 성숙을 이루고, 편견과 분열이 아닌 연대와 이해로 나아가는 사회를 만든다.

성찰을 통해 우리는 '배움은 곧 성장'임을 깨닫고, 감정에 휘둘리지 않는 지혜로운 선택을 하게 된다. 그것이 우리를 더 자유롭고 건강한 사회로 이끌 것이다.

우리가 일상에서 마주하는 수많은 감정들은 때로 우리를 휘감아 오히려 시야를 좁게 만든다. 분노, 혐오, 두려움 같은 강렬한 감정은 현실을 객관적으로 보기 어렵게 하며, 타인을 이해하는 데 걸림돌이 되기도 한다. 그러나 감정을 부정하거나 억누르는 것 또한 해답이 아니다. 감정은 인간 존재의 가장 깊은 부분에서 울려 나오는 신호이며, 우리가 진심으로 마주해야 할 내면의 언어다.

성숙한 사회란 이 감정을 통제하거나 억압하는 사회가 아니다. 오히려 각자의 감정을 있는 그대로 인정하고, 그 속에 숨겨진 이유와 상처를 이해하며, 서로의 다름을 존중하는 사회다. 이해와 존중은 그저 추상적인 말이 아니다. 그것은 일상 속의 작은 순간들에서 시작된다. 가족, 친구, 이웃과의 대화 속에서, 다양한 목소리를 경청하고 그들의 삶과 경험에 마음을 열 때 자라난다.

우리는 각자가 지닌 상처와 두려움을 감싸안으며, 감정을 통찰하는 능력을 키워야 한다. 그래야만 비로소 우리 사회는 혐오와 갈등의 악순환에서 벗어나 진정한 화해와 평화의 길을 걸을 수 있다. 이 길은 결코 쉽지 않지만, 포기할 수 없는 우리 모두의 몫이다.

감정지도를 펼치는 일에서 시작하며

이 책의 출발점은 단순했다. 우리는 왜 특정한 대상 앞에서 비슷한 감정을 느끼는가, 그리고 그 감정은 언제부터 '개인의 느낌'을 넘어 '사회적 분위기'가 되었는가라는 질문에서였다. 감정은 개인의 내면에서 시작되

　　　　　　　　　　　　　　　한국에게 중국은 감정이다

지만, 반복되고 공유되는 순간 하나의 지형을 이룬다. 이 책이 말하는 '감정지도'란, 바로 그 지형을 가시화하려는 시도다. 누군가를 비난하거나 설득하기 위해서가 아니라, 우리가 어디에 서 있는지 스스로 확인하기 위해서다.

혐중 감정 역시 마찬가지다. 그것은 어느 날 갑자기 생겨난 특이한 감정이 아니라, 오랜 시간에 걸쳐 축적된 불안, 경쟁, 좌절, 비교, 그리고 설명되지 못한 경험들이 겹쳐 만들어진 결과다. 감정은 기억을 먹고 자라며, 기억은 언제나 선택적으로 재구성된다. 어떤 사건은 과도하게 확대되고, 어떤 맥락은 빠진 채 반복된다. 그 반복 속에서 감정은 점점 단단해지고, 의심받지 않는 '상식'처럼 굳어진다.

감정지도를 그린다는 것은, 이 굳어진 상식을 다시 분해하는 일이다. 언제, 어떤 계기로 이 감정이 강화되었는지, 어떤 이미지와 언어가 그것을 지탱해 왔는지, 그리고 그 과정에서 무엇이 생략되었는지를 하나씩 짚어보는 작업이다. 이는 불편한 과정일 수밖에 없다. 감정은 보호막처럼 작동해 왔기 때문이다. 그러나 보호막은 동시에 시야를 가린다. 감정지도를 펼치는 일은 그 가림막을 잠시 내려놓고, 나와 사회를 함께 바라보는 시도다.

감정은 어떻게 집단의 언어가 되었는가

개인의 감정이 집단의 정서로 전환되는 과정에는 언제나 매개가 존재하였다. 뉴스의 제목, 영화의 장면, 온라인 공간에서 반복되는 표현들, 그리고 일상 대화 속 농담까지. 이 매개들은 감정을 설명하지 않고, 대신 감정을 빠르게 전달한다. 분노와 불쾌감, 경계심은 이해보다 전파 속도가 빠르다.

혐중 감정이 특히 강하게 작동한 이유도 여기에 있다. 경제적 불안, 사회적 경쟁, 정체성의 흔들림이라는 구조적 문제들이 복잡한 설명을 요구하는 순간, 감정은 가장 쉬운 답이 된다. 누군가를 특정 집단으로 묶어 이해하는 방식은 현실을 단순화해 준다. 복잡한 설명을 할 필요가 없고, 질문을 멈출 수 있으며, 나 자신의 불안을 잠시 외부로 밀어낼 수 있기 때문이다.

이 과정에서 감정은 더 이상 개인의 느낌이 아니라, '공유된 태도'가 된다. 비슷한 감정을 표현하는 것만으로 소속감을 느끼고, 다른 감정을 말하는 순간 의심을 받는다. 감정은 의견처럼 유통되지만, 의견과 달리 검증되지 않는다. 이렇게 형성된 감정의 지형은 점점 견고해지고, 다른 경로로 이동하기 어려워진다.

감정지도를 그린다는 것은 이 고정된 경로를 인식하는 일이다. 우리가 반복해서 지나온 길이 어디인지, 그 길 말고 다른 선택지는 없는지 스스로에게 묻는 것이다. 지도는 이동을 강요하지 않는다. 다만 선택 가능성을 보여 준다.

불안과 피로가 감정을 강화할 때

혐중 감정의 배경에는 개인의 도덕성이나 의도보다, 사회 전반에 축적된 피로가 더 크게 작용한다. 빠른 변화, 치열한 경쟁, 불안정한 미래는 사람들을 끊임없이 긴장 상태로 만든다. 이 긴장은 설명되지 못한 채 쌓이고, 결국 감정의 형태로 표출된다.

이때 감정은 문제의 원인을 정확히 가리키지 않는다. 대신 가장 눈에 띄는 대상, 가장 쉽게 연결 가능한 이미지를 붙잡는다. 그 대상이 실제 문제의 원인인지 여부는 중요하지 않다. 감정은 원인보다 해소를 우선하기 때문이다.

결국 우리의 감정지도는 중요한 역할을 한다. 감정을 부정하거나 억누르기보다, 그 감정이 무엇을 대신하고 있는지 살펴보는 것이다. 분노 뒤에 있는 좌절, 혐오 아래 깔린 무력감, 경계심 속에 숨은 두려움을 인식하는 순간, 감정은 조금씩 설명 가능해진다. 설명 가능해진 감정은 더 이상 폭발하지 않는다.

감정지도를 읽는다는 것의 의미

감정지도를 읽는다는 것은 나 자신을 객관화하는 일이다. 내가 느끼는 감정이 전부 '나만의 생각'은 아니라는 사실을 인정하는 동시에, 그렇다고 해서 그 감정이 곧바로 진실이 되는 것도 아니라는 점을 받아들이는 과정이다.

우리는 종종 감정을 '솔직함'과 동일시한다. 그러나 솔직함과 즉각성은 다르다. 감정을 느끼는 것은 자연스럽지만, 그 감정에 즉시 판단을 맡기는 순간 사고는 멈춘다. 감정지도를 읽는다는 것은 이 멈춤을 인식하고,

다시 생각을 시작하는 행위다.

이 책이 우리의 감정지도에 집중하는 이유는 여기에 있다. 치유는 이해 없이 시작될 수 없고, 이해는 구조를 보는 눈에서 출발하기 때문이다. 내가 어디에 서 있는지 모른 채 앞으로 나아갈 수는 없다.

치유는 감정을 없애는 일이 아니다

우리는 자신의 감정지도를 충분히 펼쳐본 뒤에야 비로소 '치유'라는 단어를 말할 수 있다. 치유는 감정을 없애거나 바꾸는 기술이 아니다. 그것은 감정과의 관계를 재구성하는 과정이다.

혐중 감정을 느낀다는 사실 자체가 문제는 아니다. 문제는 그 감정이 나를 지치게 하고, 타인을 단순화하며, 사회를 갈라놓을 때 발생한다. 치유란 바로 이 지점에서 시작된다. 감정이 나를 보호하는 역할을 넘어, 나를 소모시키고 있음을 인식하는 순간이다.

스스로를 치유한다는 것은 나의 감정이 어디까지 나를 지켜 주었고, 어디서부터 나를 해치기 시작했는지 구분하는 일이다. 이 구분이 가능해질 때, 우리는 감정에 끌려다니지 않을 자유를 얻는다.

자기 치유의 첫걸음

자기 치유는 거창한 결심에서 시작되지 않는다. 아주 작은 질문 하나에

한국에게 중국은 감정이다

서 출발한다. '이 감정이 나에게 어떤 영향을 주고 있는가.' 분노가 나를 더 강하게 만드는지, 아니면 더 피곤하게 만드는지, 혐오가 나를 안전하게 만 드는지, 아니면 더 고립시키는지 스스로에게 묻는 것이다.

이 질문은 감정을 부정하지 않는다. 오히려 감정을 존중하기 때문에 가 능한 질문이다. 감정은 무시될수록 더 크게 소리친다. 그러나 들여다보는 순간, 감정은 설명을 시작한다.

자기 치유란 감정을 관리하는 능력을 회복하는 일이다. 감정이 판단을 대신하지 않도록, 감정과 사고 사이에 잠시 멈춤을 두는 습관이다. 이 멈 춤은 생각을 다시 불러온다. 생각은 감정의 방향을 조금씩 바꾼다.

서로를 치유하는 언어

치유는 개인에서 끝나지 않는다. 감정은 관계 속에서 강화되었듯, 회복 역시 관계 속에서 이루어진다. 우리가 서로를 치유할 수 있는 가장 현실 적인 방식은 언어다.

비난 대신 질문을, 단정 대신 설명을, 조롱 대신 공감을 선택하는 언어 는 사회의 온도를 낮춘다. "왜 그렇게 생각해?"라는 반문은 대화를 열고, "그럴 수도 있겠다"는 말은 긴장을 풀어 준다.

서로를 격려하고 응원하는 태도는 감정을 없애지 않으면서도, 감정이 폭력으로 흐르지 않게 막는다. 이는 이상적인 윤리가 아니라, 공동체가 유지되기 위한 실질적인 조건이다.

우리는 이미 충분히 많은 감정을 경험해 왔다. 이제 필요한 것은 그 감정을 어떻게 다룰 것인가에 대한 선택이다.

감정의 소용돌이 속에서도 냉철한 이성과 성찰을 잃지 않은 시민들의 모습은 언제나 희망의 빛이었다. 우리는 모두 자랑스럽고 뜨거운 열정을 지닌 공동체의 구성원이며, 성찰과 책임을 통해 더 나은 사회를 만들어 갈 수 있다.

이제 우리는 과거의 상처와 감정을 넘어, 더 큰 이해와 존중의 공동체로 나아가야 한다. 그 출발점은 나 자신이다. 감정을 마주하고, 책임을 다하며, 서로를 격려하고 응원하는 선택.

마지막으로 우리는 절망과 분노를 넘어 희망을 선택할 수 있다. 성숙한 태도란 감정을 억누르는 것이 아니라, 감정을 지나 더 나은 방향으로 나아가는 힘이다. 변화는 언제나 가능하며, 그 시작은 바로 지금, 이 순간 우리 마음속에 있다.

이 책의 마지막 장을 덮는 지금, 독자의 마음속에 작은 불씨 하나가 남아 있기를 바란다. 그 불씨는 스스로를 치유하고, 타인을 이해하며, 사회를 조금 더 따뜻하게 만드는 시작이 될 것이다. 그 작은 빛들이 모여, 우리가 자녀와 후손에게 부끄럽지 않은 미래를 만들어 갈 것이라 믿는다.